インクルーシブ教育時代の

教員をめざすための
特別支援教育入門

大塚 玲 編著

萌文書林
Houbunshorin

執筆者

【編著者】

大塚 玲(おおつか あきら)
静岡大学教授（第1～3章、第6章、第8章）

【著者】（五十音順）

石川慶和(いしかわよしかず)
静岡大学准教授（第14章）

井出智博(いでともひろ)
北海道大学大学院准教授（第17章）

海野智子(うんのともこ)
元静岡大学准教授（第10章）

岡崎裕子(おかざきゆうこ)
大阪大谷大学名誉教授（第15章）

柿澤敏文(かきざわとしふみ)
筑波大学教授（第11章）

香野 毅(こうの たけし)
静岡大学教授（第9章、第13章）

後藤隆章(ごとうたかあき)
横浜国立大学准教授（第7章）

左藤敦子(さとうあつこ)
筑波大学准教授（第12章）

田宮 縁(たみや ゆかり)
静岡大学教授（第5章）

ヤマモト ルシア エミコ
静岡大学教授（第16章）

渡邉明廣(わたなべあきひろ)
元静岡大学教授（第4章）

はじめに

　現在、小・中学校の通常の学級には発達障害が疑われる子どもが6.5％程度、在籍しているといわれています。しかし、特別な教育的支援が必要な子どもは、なにも発達障害に限ったことではありません。視覚障害や聴覚障害、肢体不自由、病弱・身体虚弱、言語障害、情緒障害など、支援を必要とするさまざまな子どもたちが小・中学校の通常の学級で学んでいます。

　わが国の特別支援教育は、障害のある子どもと障害のない子どもが共に学ぶインクルーシブ教育システム構築に向けて歩みはじめました。特別支援学校や特別支援学級の担任だけでなく、今やすべての教員が特別支援教育や特別の支援を必要とする子どもたちについて、基礎的な知識を身につけておくことが求められています。

　本書は、主として小・中学校の教員をめざす学生に向けたテキストとして作成されました。そのため、小・中学校の教員として、これだけは知っておいてほしいといった事項を網羅しています。もちろん、すでに小・中学校の現場に立っている先生方にとっても十分役に立つ内容になっています。それぞれの障害の専門家が、できるだけ平易な文章を用い、具体的な事例やイラスト、図表などを多く取り入れ、読者の皆さんの理解が深まるよう工夫して執筆しました。

　ところで教育職員免許法・同施行規則の改正により、2019年度入学生からは教員免許状を取得するための教職科目として、「特別の支援を必要とする幼児、児童及び生徒に対する理解」に関する科目の履修が義務づけられるようになりました。そこで本書も今回の改訂版では、上記の科目のなかに含めることが求められている「貧困家庭の子ども」や「外国につながる子ども」への教育的支援に関する章を追加するとともに、学習指導要領の改訂や障害者差別解消法などの新たな制度や最新の統計データなどについても書き加えました。

　本書を積極的に活用して、特別の支援を必要とする子どもたちについての学びを深めていってもらえるよう願っています。

2019年1月

執筆者を代表して　大塚　玲

インクルーシブ教育時代の
教員をめざすための特別支援教育入門 | 目次

第Ⅰ部 特別支援教育の制度と現状

第1章 特別支援教育の理念と制度……10
1 特別支援教育の理念……10
2 特別支援教育の仕組み……11
3 特別支援教育を受けている子どもの数……14
4 障害のある子どもの就学先を決める仕組み……15
5 インクルーシブ教育システム……18
[Column] ICFによる障害のとらえ方……22

第2章 小・中学校における特別支援教育の仕組み……24
1 通常の学級の特別な教育的支援を必要とする子どもたち……24
2 特別支援教育を支える仕組み……25
3 個別の教育支援計画・個別の指導計画の作成……28
4 特別支援教育コーディネーターによる支援の実際……31
[Column] 発達障害とは……34

第3章 特別支援学級や通級による指導の仕組みとその実際……36
1 特別支援学級の仕組みと実際……36
2 通級による指導の仕組みと実際……41

第4章 特別支援学校における教育の仕組みとその実際……46
1 特別支援学校とは……46
2 障害種に応じた特別支援学校……48
3 知的障害を主とする特別支援学校の実際……51
4 地域における特別支援教育のセンター的役割……58
[Column] 障害者の手帳制度……60

第5章　就学までの支援の仕組みとその実際 ······ 62

1　早期発見・早期支援の体制 ························· 62
2　乳幼児期の発達と障害 ···························· 65
3　乳幼児健康診査での発見 ·························· 68
4　幼稚園・保育所での発見と支援 ····················· 70
5　就学に向けての支援 ····························· 72
[Column] 遠城寺式乳幼児分析的発達検査法 ············· 75

ウェブサイトの活用案内 ······························ 76

第Ⅱ部　特別な教育的支援を必要とする子どもの理解と支援

第6章　注意欠陥多動性障害の理解と支援 ··· 78

1　A君のケース ·································· 78
2　注意欠陥多動性障害とは ·························· 79
3　特性とその理解 ································ 82
4　担任としての支援や配慮 ·························· 84
5　特別な場での指導 ······························ 87
6　専門機関との連携 ······························ 87
[Column] ADHDの治療薬 ························· 89

第7章　学習障害の理解と支援 ············· 90

1　B君とCさんのケース ···························· 90
2　学習障害とは ································· 92
3　特性とその理解 ································ 93
4　担任としての支援や配慮 ·························· 95
5　特別な場での指導 ······························ 99
6　専門機関との連携 ······························100
ウェブサイトの活用案内 ······························101
[Column] ワーキングメモリー ······················102

目次

第8章　自閉症の理解と支援 …………… 104
1　D君のケース ……………………………… 104
2　自閉症とは ………………………………… 105
3　特性とその理解 …………………………… 110
4　担任としての支援や配慮 ………………… 112
5　特別な場での指導 ………………………… 115
6　専門機関との連携 ………………………… 117
［Column］サヴァン症候群と自閉症 ………… 119

第9章　情緒障害の理解と支援 ………… 120
1　Eさん（場面緘黙）のケース …………… 120
2　情緒障害とは ……………………………… 121
3　場面緘黙とは ……………………………… 122
4　特性とその理解 …………………………… 123
5　担任としての支援や配慮 ………………… 126
6　特別な場での指導 ………………………… 130
7　専門機関との連携 ………………………… 130
ウェブサイトの活用案内 ……………………… 131
［Column］愛着の障害とは …………………… 132

第10章　言語障害の理解と支援 ………… 134
〈構音障害〉
1　F君のケース ……………………………… 134
2　構音障害とは ……………………………… 135
3　特性とその理解 …………………………… 137
4　担任としての支援や配慮 ………………… 139
5　特別な場での指導 ………………………… 140
6　専門機関との連携 ………………………… 141
〈吃音〉
1　G君のケース ……………………………… 142
2　吃音とは …………………………………… 143
3　特性とその理解 …………………………… 143
4　担任としての支援や配慮 ………………… 145
5　特別な場での指導 ………………………… 147
6　専門機関との連携 ………………………… 149
ウェブサイトの活用案内 ……………………… 149

［Column］ことば・こころ・からだ……………………………150

第11章　視覚障害の理解と支援……………152
1　H君のケース……………………………………152
2　視覚障害とは……………………………………153
3　特性とその理解…………………………………155
4　担任としての支援や配慮………………………157
5　特別な場での指導………………………………161
6　専門機関との連携………………………………162
ウェブサイトの活用案内……………………………163
［Column］視覚障害者の歩行と読み書き………164

第12章　聴覚障害の理解と支援……………166
1　Iさんのケース…………………………………166
2　聴覚障害とは……………………………………168
3　特性とその理解…………………………………173
4　担任としての支援や配慮………………………174
5　特別な場での指導………………………………178
6　専門機関との連携………………………………178
ウェブサイトの活用案内……………………………179
［Column］聴覚障害者への情報保障……………180

第13章　肢体不自由の理解と支援…………182
1　Jさんのケース…………………………………182
2　肢体不自由とは…………………………………183
3　特性とその理解…………………………………186
4　担任としての支援や配慮………………………189
5　特別な場での指導………………………………191
6　専門機関との連携………………………………192
［Column］バリアフリーとは……………………194

第14章　病弱・身体虚弱の理解と支援……196
1　Kさんのケース…………………………………196
2　病弱・身体虚弱とは……………………………198
3　特性とその理解…………………………………199
4　担任としての支援や配慮………………………202

目次

 5 特別な場での指導・・・・・・・・・・・・・・・205
 6 専門機関との連携・・・・・・・・・・・・・・・205
 ウェブサイトの活用案内・・・・・・・・・・・・・・・207
 ［Column］入院中の子どもの教育・・・・・・・・・・・・208

第15章 知的障害の理解と支援・・・・・・210
 1 L君のケース・・・・・・・・・・・・・・・210
 2 知的障害とは・・・・・・・・・・・・・・・211
 3 特性とその理解・・・・・・・・・・・・・・・213
 4 担任としての支援や配慮・・・・・・・・・・・・・・・216
 5 特別な場での指導・・・・・・・・・・・・・・・217
 6 専門機関との連携・・・・・・・・・・・・・・・218
 ［Column］スペシャルオリンピックス・・・・・・・・・219

第16章 外国につながる子どもの理解と支援・・・・・・220
 1 M君のケース・・・・・・・・・・・・・・・220
 2 外国につながる子どもとは・・・・・・・・・・・・・・・221
 3 特性とその理解・・・・・・・・・・・・・・・221
 4 公立学校における支援体制・・・・・・・・・・・・・・・224
 5 学校や担任としての支援や配慮・・・・・・・・・・・・・・・226
 6 専門機関との連携・・・・・・・・・・・・・・・227
 ウェブサイトの活用案内・・・・・・・・・・・・・・・235

第17章 貧困家庭の子どもの理解と支援・・・228
 1 Nさんのケース・・・・・・・・・・・・・・・228
 2 子どもの貧困とその現状・・・・・・・・・・・・・・・229
 3 貧困が子どもに与える影響・・・・・・・・・・・・・・・230
 4 学校や担任としての支援や配慮・・・・・・・・・・・・・・・232
 ウェブサイトの活用案内・・・・・・・・・・・・・・・235

 付録 特別支援教育関連法規・・・・・・・・・・・・・・・236

 索引・・・・・・・・・・・・・・・244

第Ⅰ部 特別支援教育の制度と現状

第1章
特別支援教育の理念と制度

1 特別支援教育の理念

わが国では、障害のある子どもたちに対する教育を**特別支援教育**と呼びます。2007（平成19）年4月に施行された学校教育法の一部改正により、**特殊教育**から特別支援教育に改められたのです。

学校教育法では、これまでの**盲学校・聾学校・養護学校**が障害種別を超えた**特別支援学校**に一本化され、小・中学校などにおいても教育上特別の支援を必要とする幼児児童生徒＊に対し、障害による学習上または生活上の困難を克服するための教育を行うことが明記されました。

特殊教育から特別支援教育への転換は、ごく限られた児童生徒のための手厚い教育から、知的な遅れのない発達障害なども含め10％にも及ぶと想定される児童生徒を対象とした教育へ移行したことを意味します。

これは、対象とする児童生徒が単に量的に拡大したということだけではありません。それまで障害のある子どもの教育といえば、盲・聾・養護学校や特殊

＊「幼児」「児童」「生徒」の使い分けについて
学校教育の分野では、学校教育法にもとづき幼稚園に在籍している者には「幼児」という表記を使います。小学校は「児童」、中学校と高等学校は「生徒」と呼びます。同様に、特別支援学校の幼稚部に在籍している者は「幼児」、小学部は「児童」、中学部と高等部は「生徒」と呼びます。本書でもそれに準ずるかたちで使い分けています。

学級、通級による指導といった特別な場での教育に限られていました。しかし、特別支援教育は幼稚園から高等学校までをも含む、学校のあらゆる場において障害のある子どもたちに特別な教育的支援を行うこととなりました。この点に大きな意味があるのです。

2007(平成19)年4月1日に出された文部科学省初等中等教育局長による「特別支援教育の推進について（通知）」のなかで、特別支援教育の理念は次のように示されています。

特別支援教育の理念

　特別支援教育は、障害のある幼児児童生徒の自立や社会参加に向けた主体的な取組を支援するという視点に立ち、幼児児童生徒一人一人の教育的ニーズを把握し、その持てる力を高め、生活や学習上の困難を改善又は克服するため、適切な指導及び必要な支援を行うものである。

　また、特別支援教育は、これまでの特殊教育の対象の障害だけでなく、知的な遅れのない発達障害も含めて、特別な支援を必要とする幼児児童生徒が在籍する全ての学校において実施されるものである。

　さらに、特別支援教育は、障害のある幼児児童生徒への教育にとどまらず、障害の有無やその他の個々の違いを認識しつつ様々な人々が生き生きと活躍できる共生社会の形成の基礎となるものであり、我が国の現在及び将来の社会にとって重要な意味を持っている。

2　特別支援教育の仕組み

　先ほど説明したように、特別な支援を必要とする幼児児童生徒が在籍するすべての学校において特別支援教育が行われるようになりました。具体的には、次のような場があります。特別支援学校、**特別支援学級**、**通級指導教室（通級による指導）** に加え、特別な教育的支援を必要とする子どもたちが在籍している幼稚園・小学校・中学校・高等学校などの通常の学級においても実施されるのです。

　これらの特別支援教育の場は、原則として障害の程度が重い順に、特別支

学校、特別支援学級、通級指導教室（通級による指導）、通常の学級となります。以下では、特別支援学校、特別支援学級、通級による指導の概要についてみていきます。

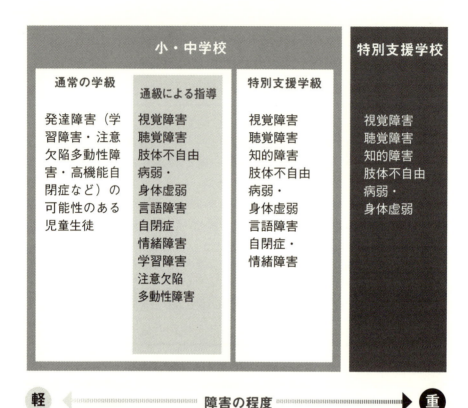

【図1-1】特別支援教育の現状

出典：文部科学省2012をもとに筆者作成

（1）特別支援学校

　特別支援学校は障害のある子どもたちを対象とした学校で、対象となる障害は、視覚障害、聴覚障害、知的障害、肢体不自由、病弱（身体虚弱を含む）の5つです。

単一の障害を対象とする特別支援学校（たとえば、視覚障害者を対象とした特別支援学校）もあれば、複数の障害に対応した特別支援学校（たとえば、知的障害者と肢体不自由者を対象とした特別支援学校や、5つの障害すべてを対象とした特別支援学校）もあります（図1-2）。

都道府県には特別支援学校を設置する義務があるため、特別支援学校の多くは都道府県立です。

特別支援学校は原則として、義務教育である小学校や中学校に相当する**小学部**と**中学部**を置かなければならないことになっています。さらに、幼稚園に相当する**幼稚部**や高等学校に相当する**高等部**が設置されている場合もあります。

また、障害が重度であったり、重複していたりするなどの理由により特別支援学校への通学が困難な児童生徒に対して、教員が家庭や児童福祉施設、医療機関などを訪れて指導する**訪問教育**も行われています。

※制度上はすべて「特別支援学校」となりますが、以前の盲学校・聾学校・養護学校などの校名が残ることもあります。

【図1-2】盲・聾・養護学校から特別支援学校へ

出典：文部科学省 2007 を一部改変

（2）特別支援学級

　特別支援学級は、障害の程度が比較的軽い児童生徒のため、必要に応じて小学校や中学校に設置される少人数の学級（1学級8人を上限とする）です。原則として障害種別に設置されることになっており、知的障害、肢体不自由、病弱・身体虚弱、弱視、難聴、言語障害、自閉症・情緒障害の学級があります。なお、病院内に設置される病弱・身体虚弱の特別支援学級を**院内学級**と呼びます。

（3）通級による指導

　通級による指導は、小学校や中学校に在籍する障害の程度が軽い児童生徒が、ほとんどの授業を通常の学級で受けながら、障害の状態に応じた特別な指導を、一定時間（多くが週1～2単位時間）だけ特別な場（通級指導教室）で受ける教育形態です。

　対象となるのは、言語障害、自閉症、情緒障害、弱視、難聴、学習障害、注意欠陥多動性障害、肢体不自由、病弱・身体虚弱の9つの障害です。

　なお、2016（平成28）年12月に学校教育法施行規則および文部科学省告示が改正され、2018（平成30）年度から高等学校においても通級による指導が実施できるようになりました。

3　特別支援教育を受けている子どもの数

　少子化で子どもの数は減少していますが、特別支援学校に在籍している幼児児童生徒と、小・中学校の特別支援学級および通級による指導を受けている児童生徒は年々増加しています。

　2017（平成29）年5月1日現在、義務教育段階の児童生徒のうち、0.7％が特別支援学校の小学部・中学部で教育を受けています。また、2.4％の児童生徒が小学校や中学校の特別支援学級で、1.1％の児童生徒が通級による指導を受けています。これらをすべて合わせると約42万人、義務教育段階の児童生徒の約4.2％に当たります（文部科学省, 2018）。

　また、文部科学省が2012（平成24）年に公立の小・中学校を対象に実施した調査では、通常の学級において発達障害の可能性のある児童生徒が6.5％程度在籍していることも報告されています。

4 障害のある子どもの就学先を決める仕組み

　これまで述べたように、わが国では障害のある子どもたちに対して多様な教育の場が用意されています。以下では、子どもたちの就学先がどのようなプロセスで決定されていくのかを、保護者が主体となる就学相談と市町村教育委員会が主体となって行う就学事務の2つの側面から理解していきましょう。

（1）就学相談

　小・中学校への入学を控えて子どもの障害や発達の遅れに心配のある場合や、特別支援学校の小学部・中学部あるいは小・中学校の特別支援学級への就学を希望する場合に、保護者・本人と市町村教育委員会、専門の担当者がその子に適した教育の場をともに考えるために就学相談が行われます。

　小・中学校の通常の学級や特別支援学級から特別支援学校への転学、特別支援学校から小・中学校の特別支援学級や通常の学級への転学を検討する場合にも行われます。

　就学相談は市町村によって多少の違いはありますが、おおむね次のように進められます。

就学相談の申し込み

　保護者が市町村教育委員会に申し込み、就学相談員と面談をすることで相談が開始されます。

　ただし市町村教育委員会では、就学相談や具体的な就学手続きに入る前から障害のある幼児や発達・行動が気になる幼児に対して早期からの教育相談を行い、保護者の悩みや不安に応えたり、情報提供を行ったりしています。また、保健・医療・福祉などの関係機関と連携して、就学相談の対象となる子どもの情報を共有したりしています。

就学相談員との面談

　就学相談員は、保護者の就学に対する希望や悩み、子どもの現在の発達や障害の状態、これまでの発達の経過などを聞き取り、情報を提供します。そして、在籍している幼稚園や保育所（あるいは小学校、特別支援学校）などに依頼し、

子どもの様子を把握するための資料を作成してもらいます。保護者に医療機関での診察記録や心理検査所見の作成を依頼する場合もあります。

さらに、就学相談員が幼稚園や保育所を訪問し、子どもの様子を観察したり、園の職員から日頃の様子の聞き取りをしたりして資料を作成することもあります。こうした資料は、**就学支援委員会**（教育支援委員会など市町村によってその名称は異なりますが、ここでは就学支援委員会とします）の審議の際の判断材料としても使用されます。

保護者や子ども自身に就学先の実際の様子や特色などを理解してもらうために、就学相談室では学区の特別支援学級や特別支援学校への学校見学や体験入学・入級を紹介したり、連絡調整をしたりします。

実際に体験することで見えてきた課題などを保護者、担当者などが共有し、子どもにとってどのような教育環境や教育内容・方法が望ましいかについて、話し合いを深めていきます。

（2）就学に関する事務手続き

学校教育法施行令の改正が行われ、2013（平成25）年9月から就学先決定の仕組みが改められました。それまでは障害の程度を定める**就学基準**（学校教育法施行令第22条の3の表）に該当する子どもは原則、特別支援学校に就学し、特別な事情が認められた場合に例外的に認定就学者として小・中学校に就学することができる制度でした。

改正後は、市町村教育委員会が障害の状態、教育上必要な支援の内容、地域における教育の体制の整備の状況、本人・保護者および専門家の意見などを総合的に判断して就学先を決定する仕組みに改められました。

学齢簿の作成

市町村教育委員会は10月1日現在、当該市町村に住んでいる次年度就学予定者の**学齢簿**を、住民基本台帳にもとづいて10月31日までに作成します（学校教育法施行規則第31条／学校教育法施行令第1条第2項、第2条）。学齢簿は当該市町村に住んでいる義務教育年齢の子どもを把握するためのものです。この学齢簿の作成により、次年度に就学が予定される子どもが確定します。

就学時健康診断の実施

就学時健康診断は、就学予定の子どもを対象に行われるものです。学齢簿に

記載されたすべての子どもに11月30日までに実施することが市町村教育委員会に義務づけられています（学校保健安全法施行令第1条）。

就学時健康診断は、市町村教育委員会が就学予定者の心身の状況を把握し、小学校などへの就学にあたって治療の勧告や保健上必要な助言を行うことを目的としています。通常、学区の公立小学校を会場に実施されます。

検査項目は次のとおりです（学校保健安全法施行令第2条）。①栄養状態、②脊柱及び胸郭の疾病及び異常の有無、③視力及び聴力、④眼の疾病及び異常の有無、⑤耳鼻咽頭疾患及び皮膚疾患の有無、⑥歯及び口腔の疾病及び異常の有無、⑦その他の疾病及び異常の有無。

就学先の検討

保護者面談や学校見学・体験入学などを経て、保護者・学校・市町村教育委員会の三者が子どもの教育上必要な支援内容などを把握・共有し、その子どもにふさわしい就学先を検討していきます。

その際に重要な役割を果たすのが教育学・医学・心理学などの専門家で組織された就学支援委員会です。特別支援学校や特別支援学級設置校の校長や教員・医師・心理相談員・福祉施設職員などの委員が、障害のある子どもの就学のための調査や相談を実施し、適切な就学先について審議を行います。

就学先の決定

保護者・本人に対し就学支援委員会の審議結果などの情報を提供し、その意向を最大限に尊重し、保護者・本人と市町村教育委員会、学校などが必要な教育的支援について合意形成を行うことを原則としたうえで、最終的には市町村教育委員会が子どもの就学先を決定します。

なお、市町村の教育委員会が、特別支援学校に就学させることが適当であると判断した子どもを**認定特別支援学校就学者**といいます。

学校指定と就学期日の通知

〈小・中学校へ就学する場合〉

市町村教育委員会は、保護者に対して1月31日までに小学校または中学校の入学期日を通知しなければなりません（学校教育法施行令第5条第1項及び第2項）。

〈特別支援学校へ就学する場合〉
　市町村教育委員会は、認定特別支援学校就学者について都道府県教育委員会に対して12月31日までに、氏名および特別支援学校に就学させるべき旨を通知しなければなりません。
　都道府県教育委員会は、認定特別支援学校就学者である旨の通知を受けた子どもの保護者に対して、前年度の1月31日までに特別支援学校の入学期日を通知しなければなりません（学校教育法施行令第14条第1項）。

「学びの場」の柔軟な見直し

　上で示したような手続きで子どもの就学先が決定されますが、一度入学してしまったら、小学校段階6年間、中学校段階3年間の学びの場が自動的に決まってしまうというわけではありません。その後の子どもの適応の状況や障害の状態の変化などにより、小・中学校から特別支援学校へ、逆に特別支援学校から小・中学校へ転学することも可能です。

5　インクルーシブ教育システム

（1）障害者の権利に関する条約とインクルーシブ教育システム

　2014（平成26）年1月20日、日本政府は**障害者の権利に関する条約**（略称「障害者権利条約」）を批准しました。障害者権利条約は2006（平成18）年の第61回国連総会において採択された、障害者に関する初めての国際条約です。障害者の人権および基本的自由の享有を確保し、障害者固有の尊厳の尊重を促進することを目的として、障害者の権利の実現のための措置などについて定めています。
　インクルーシブ教育システムは、障害者権利条約において提唱された教育上の理念です。人間の多様性の尊重などを強化し、障害のある者がその能力などを最大限に発達させ、自由な社会に効果的に参加することを可能にするという目的の下で、障害のある者と障害のない者がともに学ぶ仕組みです。

（2）インクルーシブ教育システムの構築

　文部科学省では、インクルーシブ教育システムの構築という障害者権利条約の理念を踏まえた教育制度の在り方について検討するため、2010（平成22）年7月、中央教育審議会に「特別支援教育の在り方に関する特別委員会」を設置

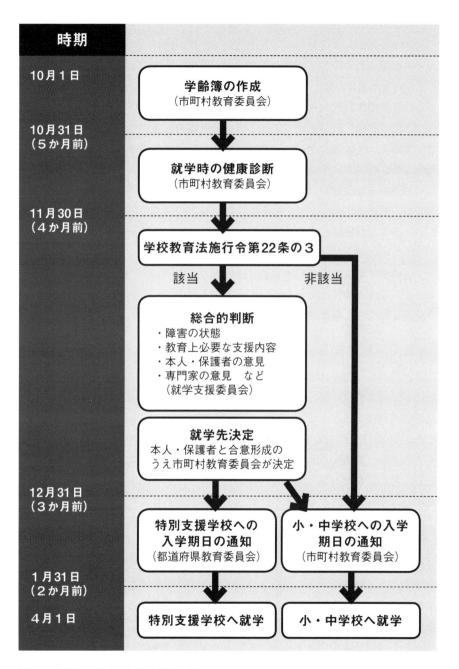

【図1-3】就学に関する事務手続きの流れ

筆者作成

しました。

2012（平成24）年7月には「共生社会の形成に向けたインクルーシブ教育システム構築のための特別支援教育の推進（初等中等教育分科会報告）」が取りまとめられました。

この報告では、①共生社会の形成に向けたインクルーシブ教育システムの構築、②就学相談・就学先決定の在り方、③**合理的配慮**の充実とその基盤となる環境整備等、④多様な学びの場の整備と学校間連携等の推進、⑤教職員の専門性向上等が提言されました。

インクルーシブ教育システムを構築していくための取り組みは始まったばかりです。基本的にめざしている方向性は、障害のある子どもと障害のない子どもが、できるだけ同じ場で共に学ぶためのシステムの構築です。

そのためには、障害のある子ども、障害のない子どもともに授業内容がわかり、学習活動に参加している実感・達成感をもちながら、生きる力を身につけることができる環境を整備していく必要があります。それを推進していくための重要な概念が、**基礎的環境整備**と合理的配慮です。

基礎的環境整備

基礎的環境整備とは次の合理的配慮の基礎となるもので、法令や財政措置などにより国や都道府県、市町村が行う、障害のある子どもを支援するための教育環境の整備のことです。

たとえば、肢体不自由のある子どものために学校の玄関スロープなどを整備することや、専門性のある教員、支援員などの人的配置などがあげられます。なお、基礎的環境整備は体制面・財政面を勘案し、「均衡を失した又は過度の負担を課すものではないこと」に留意する必要があります。

合理的配慮

障害のある子どもが、ほかの子どもと平等に「教育を受ける権利」を享有・行使することを確保するために、学校の設置者や学校が必要かつ適当な変更・調整を行うことを合理的配慮といいます。それぞれの学校における基礎的環境整備の状況により、提供される合理的配慮も異なることとなります。

たとえば、聴覚障害のある子どもに対して、聞こえにくさに応じた視覚的な情報の提供を行うため、わかりやすい板書、教科書の音読箇所の位置の明示、要点を視覚的な情報で提示、身振り、簡単な手話の使用などがあげられます（文

部科学省, 2012)。

なお合理的配慮も、学校の設置者および学校に対して、体制面・財政面において「均衡を失した又は過度の負担を課さないもの」と定義されています。

障害者差別解消法

障害を理由とする差別の解消の推進に関する法律（障害者差別解消法）が2013（平成25）年6月に制定され、2016（平成28）年4月1日より施行されました。障害者差別解消法では、「不当な差別的取扱いの禁止」と「合理的配慮の提供」が規定されています。

「不当な差別的取扱いの禁止」とは、障害のある人に対して正当な理由なく、サービスの提供を拒否したり、サービスの提供に当たって場所や時間帯などを制限したり、障害のない人にはつけない条件をつけることなどの禁止です。

「合理的配慮の提供」は、民間事業者については努力義務とされ、国公立学校のような国・地方公共団体等は法的義務が課せられることになりました。

【引用・参考文献】

中央教育審議会初等中等教育分科会「共生社会の形成に向けたインクルーシブ教育システム構築のための特別支援教育の推進（報告）」文部科学省、2012年
外務省「障害者の権利に関する条約（略称：障害者権利条約）」2014年
文部科学省「教育支援資料」2013年
文部科学省「特別支援教育の推進について（通知）」19文科初第125号、2007年
文部科学省「特別支援教育（パンフレット）」2007年
文部科学省「特別支援教育資料（平成29年度）」2018年
文部科学省「通常の学級に在籍する発達障害の可能性のある特別な教育的支援を必要とする児童生徒に関する調査結果について」2012年

COLUMN

ICFによる障害のとらえ方

　障害とはどのような状態をいうのでしょうか。この問いに対する答えはかならずしも1つではなく、時代とともにそのとらえ方は変化しています。

　1980（昭和55）年に世界保健機関（WHO）は国際障害分類（ICIDH）を発表しました。ICIDHでは障害を機能障害（Impairment）、能力障害（Disability）、社会的不利（Handicap）の3つのレベルに分けてとらえました。

　機能障害は、身体の器質的損傷又は機能不全で、疾病などの結果もたらされ、医療の対象となるものです。たとえば脳卒中による右半身マヒ。

　能力障害は、機能障害によってもたらされた日常生活や学習上の種々の困難で、教育によって改善・克服することが期待されるものです。たとえば、右半身マヒのため歩行や書字が困難になること。

　社会的不利は、機能障害や能力障害によって、一般の人々とのあいだに生ずる社会生活上の不利益で、福祉施策などによって補うことが期待されるものです（文部科学省, 2009）。たとえば、歩行や書字が困難になることでそれまでの職を失ったり、さまざまな形での社会参加ができなくなったりすること。

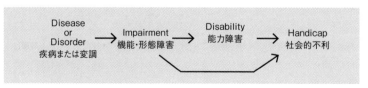

図1　ICIDHの障害構造モデル　　　　　出典：上田 2002を一部改変

このモデルは障害の階層性を示した点で画期的なものでした。一方で、疾病などにもとづく状態のマイナス面のみを取り上げているという批判もありました。

　そこで、WHOはICIDHの改訂作業を行い、障害のある人だけでなく、障害のない人も含めた生活機能分類として、2001（平成13）年に国際生活機能分類（ICF）を発表しました。ICFは生活機能というプラス面からみるように視点を転換し、さらに環境因子などの観点を加えたところに特徴があります。

　ICFでは、人間の生活機能は「心身機能・身体構造」「活動」「参加」の3つの要素で構成されており、それらの生活機能に支障がある状態を「障害」ととらえています。

　また、生活機能と障害の状態は、健康状態や環境因子などと相互に影響し合うものと説明されています（文部科学省,2009）。

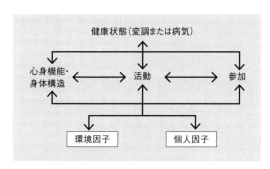

図2　ICFの構成要素間の相互作用　　　　出典：厚生労働省 2002

【引用・参考文献】

厚生労働省「国際生活機能分類－国際障害分類改訂版－（日本語版）」2002年
文部科学省「特別支援学校学習指導要領解説　自立活動編（幼稚部・小学部・中学部・高等部）」2009年
上田 敏「新しい障害概念と21世紀のリハビリテーション医学－ICIDHからICFへ－」『リハビリテーション医学』39（3）、2002年、pp. 123-127

第2章

小・中学校における特別支援教育の仕組み

1 通常の学級の特別な教育的支援を必要とする子どもたち

　小学校や中学校の通常の学級には、**発達障害**などの特別な教育的支援を必要とする子どもたちがどのくらい在籍しているのでしょうか。2002（平成14）年に文部科学省が実施した全国実態調査では、公立小・中学校の通常の学級の児童生徒のうち、6.3％がLD（学習障害）・ADHD（注意欠陥多動性障害）・高機能自閉症の可能性があり、学習や行動の面で特別な教育的支援を必要としているという結果が示されました（文部科学省,2003）。発達障害のある子どもが1クラスに二人程度いるといわれるようになったのは、この調査結果によるものです。

　文部科学省では、2012（平成24）年にも同様の調査を実施しました。発達障害の可能性がある児童生徒の割合は、2002年とほぼ同じ結果で6.5％でした。学習障害の可能性がある「学習面で著しい困難を示す」子どもは4.5％、注意欠陥多動性障害が疑われる「不注意又は多動性―衝動性の問題を著しく示す」子どもは3.1％で、高機能（知的発達に遅れのない）自閉症の可能性がある「対人関係やこだわり等の問題を著しく示す」子ども

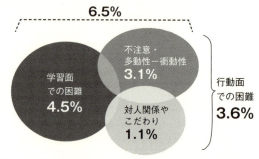

【図2-1】知的発達に遅れはないものの学習面や行動面で著しい困難を示すと担任が回答した児童生徒の割合

出典：文部科学省 2012をもとに筆者作成

は1.1％でした（文部科学省，2012）（図2-1）。

この調査では学校種、学年、性別の集計結果も明らかにされています。それによると、なんらかの発達障害が疑われる「学習面又は行動面で著しい困難を示す」小学生の割合は7.7％、中学生は4.0％で、小学校から中学校へと学年が進むにつれて、その割合が減少する傾向がみられました（表2-1、表2-2）。

【表2-1】小学校の学年別集計（％）

	学習面又は行動面で著しい困難を示す	学習面に著しい困難を示す	「不注意」又は「多動性－衝動性」の問題を著しく示す	「対人関係やこだわり等」の問題を著しく示す
小学校	7.7	5.7	3.5	1.3
第1学年	9.8	7.3	4.5	1.5
第2学年	8.2	6.3	3.8	1.5
第3学年	7.5	5.5	3.3	1.0
第4学年	7.8	5.8	3.5	1.2
第5学年	6.7	4.9	3.1	1.1
第6学年	6.3	4.4	2.7	1.3

出典：文部科学省 2012

【表2-2】中学校の学年別集計（％）

	学習面又は行動面で著しい困難を示す	学習面に著しい困難を示す	「不注意」又は「多動性－衝動性」の問題を著しく示す	「対人関係やこだわり等」の問題を著しく示す
中学校	4.0	2.0	2.5	0.9
第1学年	4.8	2.7	2.9	0.8
第2学年	4.1	1.9	2.7	1.0
第3学年	3.2	1.4	1.8	0.9

出典：文部科学省 2012

2 特別支援教育を支える仕組み

特別支援教育では、小・中学校などの通常の学級に在籍する発達障害など、教育上特別の支援を必要とする子どもに対して、学習上または生活上の困難を克服するために教育的な支援を行うことになりました。これまで、そうした子どもたちへの支援は、担任の孤軍奮闘といったことも少なくありませんでした。しかし、特別支援教育では担任まかせではなく、校長のリーダーシップのもと教職員が協力し、全校的な体制で組織的に支援するための仕組みを整えることになったのです。

具体的には、校内委員会の設置、特別支援教育コーディネーターの指名、専門家チーム、巡回相談、支援教員支援員の活用などです。以下では、それら特別支援教育を支える仕組みについて見ていきます。

(1) 校内委員会の設置

　特別支援教育に関する**校内委員会**とは、全校的な支援体制を確立し、発達障害を含む障害のある子どもの実態把握や支援方策の検討などを行うため、学校内の教職員で組織される委員会です。

　校内委員会の構成員は学校の規模や実情によってさまざまですが、一般的には校長、教頭、特別支援教育コーディネーター、教務主任、生徒指導主事、養護教諭、対象の子どもの学級担任、学年主任などで構成されます。通級指導教室や特別支援学級が設置されている学校であれば、それを担当する教員が構成員として加わります。また必要に応じてスクールカウンセラーなどの専門家に加わってもらう場合もあります。

　校内委員会の役割には以下のようなものがあります。
- 学校の特別支援教育についての方針や校内の支援体制を検討する。
- 特別な教育的支援が必要な子どもを把握し、情報を共有する。
- 個別の教育支援計画や個別の指導計画の対象とする子どもを検討し、担任などに作成を依頼して、次年度に引き継ぐ。
- 支援が必要な子どもに対する具体的な支援策について検討する。
- 教職員の特別支援教育への理解を深めるため、校内研修を推進する。
- 専門家チームや巡回相談、その他の専門機関への支援要請などを検討する。
- 全保護者に特別支援教育に対する理解啓発を図る。

(2) 特別支援教育コーディネーターの指名

　特別支援教育コーディネーターとは、子どもの支援について学校内の関係者や外部の関係機関と連絡調整をしたり、担任とともに具体的な支援策を検討したりするなど、特別支援教育を推進するため校内で中心的な役割を担う教員です。

　特別支援教育コーディネーターの役割には以下のようなものがあります。

①校内における役割
- 授業参観などによる特別な教育的支援を必要とする子どもの把握と情報収集
- 支援の対象となる子どもの担任への相談・支援
- 養護教諭、スクールカウンセラーなど校内外の関係者との連絡調整
- 個別の教育支援計画・個別の指導計画作成にあたって、担任への助言・援助
- 校内委員会開催のための情報収集や準備
- 教職員への情報提供

- ・校内研修会の企画・運営
- ・特別支援教育支援員のスケジュール調整

②外部の関係機関との連絡調整などの役割
- ・巡回相談や専門家チームを活用するための連絡調整
- ・病院などの関係機関からの情報収集や連携
- ・発達障害者支援センターなどの専門機関などに相談をする際の情報収集と連絡調整

③保護者に対する相談窓口

　このような役割を果たすため、特別支援教育コーディネーターには特別支援教育に関する専門性に加え、校内の教職員や外部の関係機関と連携できる力量やネットワークをもっていることが望まれます。そのことを踏まえ、校長が学校の実情に応じて校内の教員のなかから適任者を指名します。

　特別支援教育の専門的な知識・技術のある教員と、校内の教職員や外部の専門機関との連絡調整に長けている教員など、複数の特別支援教育コーディネーターを指名して役割を分担している学校もあります。

　一方で、担任やほかの校務分掌（学校の運営上必要な業務分担）との兼務のため、特別支援教育コーディネーターとして活動する時間がとれず、役割を果たすことに困難を感じているケースも少なくないのです。

（3）専門家チームや巡回相談の活用

　専門家チームは、教育委員会や特別支援教育センターなどに設置される組織で、学校の要請などに応じて子どもが発達障害か否かを判断し、望ましい教育的対応についての専門的意見を示すことを目的としています。構成メンバーに定めはありませんが、一般的には教育委員会関係者、特別支援学級担任や通級指導教室担当教員、特別支援学校教員、心理学の専門家、医師などから構成されます。

　巡回相談は、発達障害などについての専門的な知識や経験をもつ巡回相談員が要請に応じて学校を訪問し、子どもの実態の把握や評価、指導方法、個別の教育支援計画の作成、校内の支援体制づくり、関連機関との連携などについて、教員に助言を行うものです。巡回相談の実施形態は自治体によって異なりますが、大きく3つのパターンに分けられます。教育や心理などの専門家が巡回相談員として学校を訪問する形態、特別支援学校のセンター的機能を活用して行

う形態、そして通級指導教室担当者が巡回相談を行う形態です。

専門家チームと巡回相談員は連携をとりながら活動しています。たとえば、巡回によって把握した子どもや学校での指導の実態などの情報をもとに、専門家チームと巡回相談員が合同でケース検討を行うこともあります。

また、専門家チームから判断・助言が提示された場合、その内容を授業や学校生活に生かしていくために、巡回相談員が教員に対して説明や助言をすることもあります（文部科学省, 2017）。

連携を密にするため、巡回相談員も必要に応じて専門家チームの会議に参加している自治体や、巡回相談員が専門家チームの会議の構成員となっている自治体などもあります。

（4）特別支援教育支援員の活用

特別支援教育支援員とは、小・中学校などにおいて障害のある児童生徒に対して食事・排泄・教室の移動補助などの日常生活動作の介助を行ったり、発達障害の児童生徒に対して学習活動上の支援を行ったりする、非常勤の職員です。

2007（平成19年）度より公立小・中学校に在籍する障害のある子どもを支援する特別支援教育支援員の配置にかかる経費が、各市町村に対して地方財政措置されました。2009（平成21年）度からは公立幼稚園、2011（平成23年）度からは公立高等学校まで対象が拡充されています。

特別支援教育支援員は、次のような役割が期待されています（文部科学省, 2007）。

① 基本的生活習慣確立のための日常生活上の介助
② 発達障害の児童生徒に対する学習支援
③ 学習活動、教室移動などにおける介助
④ 児童生徒の健康・安全確保関係
⑤ 運動会、学習発表会、修学旅行などの学校行事における介助
⑥ 周囲の児童生徒への障害の理解促進

3 個別の教育支援計画・個別の指導計画の作成

2017（平成29）年3月に公示された小学校学習指導要領と中学校学習指導要領では、特別支援学級に在籍する児童生徒や通級による指導を受ける児童生徒に対して、個別の教育支援計画および個別の指導計画の作成と活用が義務づけ

られました。また、通級による指導を受けていないけれども、特別な教育的支援の必要のある通常の学級の児童生徒についても、個別の教育支援計画および個別の指導計画を作成し、活用に努めることが示されました。

文部科学省の「特別支援教育資料（平成29年度）」によると、国公私立小学校において個別の教育支援計画の作成が必要であると判断された子どものうち、実際に作成されているのは80.2％であったと報告されています。それに対して個別の指導計画では、85.7％の作成率でした。中学校では、個別の教育支援計画の作成率が78.1％、個別の指導計画の作成率が81.3％で、小学校に比べるとやや低いながらも、いずれも高い作成率であることがわかります（文部科学省, 2018a）。

（1）個別の教育支援計画の作成と活用

個別の教育支援計画とは、家庭や医療・保健・福祉などの地域の関係機関との連携などを視野に入れながら、学校卒業後までの長期的な視点に立ち、適切で一貫した教育的支援を行うことを目的として作成される計画です。作成の進め方の一般的な例を図2-2に示します。個別の教育支援計画は学級担任が中心となり、特別支援教育コーディネーターの協力のもと作成します。

記載される内容は、子どもの特別な教育的ニーズ、支援の目標・内容・評価・

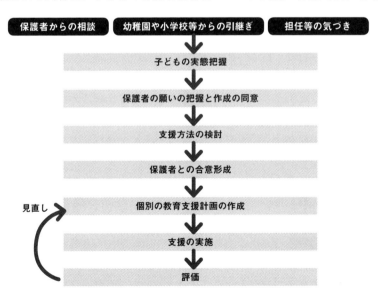

【図2-2】個別の教育支援計画作成の流れ　　　　　　　　　　　筆者作成

改善点、地域・福祉・医療などの支援機関の情報、本人・保護者の願い、引継ぎ事項などです。

　また、作成に当たっては保護者の参画が求められており、学校側と本人・保護者側の教育的ニーズを整理しながら作成することが必要です（文部科学省, 2017）。本人・保護者から合理的配慮（p.20参照）の申し出があった場合は、学校側と本人・保護者が合理的配慮の具体的内容について十分に話し合い、合意された内容を個別の教育支援計画に明記します。

　個別の教育支援計画は支援のためのツールです。作成すること自体が目的ではありません。計画にもとづいて支援を実施し、定期的に評価と見直しを図り、必要に応じて加筆・修正を行います。

　子どもが進級する際には、新旧の学級担任間で支援方針が異なることのないよう、これまで行われてきた支援内容を個別の教育支援計画や個別の指導計画を活用しながら次の学級担任に引き継ぎます。中学校や高等学校では、教科担任にも支援の内容などを伝える必要があります。また、進学したり転校したりする場合は、保護者の同意を得たうえで、進学・転校先に個別の教育支援計画の引き継ぎを行うことが大切です。

（2）個別の指導計画の作成と活用

　個別の指導計画は、個別の教育支援計画に記載された子どもの教育的ニーズや支援内容などを踏まえ、きめ細かな指導を行うために、各教科などの具体的な指導目標と手だて、指導の評価を記載するものです。

　個別の指導計画は学級担任が中心となり、特別支援教育コーディネーターや各教科の担任など子どもにかかわる教員が協力して作成します。

　また、通級による指導を受けている場合は、その子どもの個別の指導計画に、通級による指導における指導内容なども記載して、通級による指導における効果が、通常の学級においても波及することをめざします。

　2017（平成29）年3月に公示された小学校学習指導要領と中学校学習指導要領では、各教科等の指導において「第3　指導計画の作成と内容の取扱い」として「障害のある児童などについては、学習活動を行う場合に生じる困難さに応じた指導内容や指導方法の工夫を計画的、組織的に行うこと」と規定されました。

　このことを踏まえ、通常の学級に在籍する特別な教育的支援を必要とする子どもに対しては、各教科の学習活動を行う場合に生じるその子どもの困難さに

留意し、それに応じた指導方法の工夫を個別の指導計画に記載することが大切になります。

たとえば、『小学校学習指導要領解説（国語編）』（文部科学省, 2018b）では、国語科における配慮として次のような例が示されています。
・文章を目で追いながら音読することが困難な場合には、自分がどこを読むのかが分かるように教科書の文を指等で押さえながら読むよう促すこと
・行間を空けるために拡大コピーをしたものを用意すること
・語のまとまりや区切りが分かるように分かち書きされたものを用意すること
・読む部分だけが見える自助具（スリット等）を活用すること

このように子どもが教科の学習に困難を示す場合は、困難さの状態、それに対する指導上の工夫の意図、そして手立てを個別の指導計画に記載することが望まれます。

個別の教育支援計画と同じく、個別の指導計画も計画にもとづいて支援を実施し、定期的に評価と見直しを図り、必要に応じて加筆・修正を行い、翌年度の担任などに引き継ぐことが大切です。

4　特別支援教育コーディネーターによる支援の実際

　A小学校で特別支援教育コーディネーターを務めるB先生。毎週月曜日の朝は、登校時間に生徒指導主任のC先生と二人で校門に立ち、あいさつをしながら子どもたちを出迎えることにしています。子どもたちの表情や登校の様子を確認するためです。校内委員会で名前があがっている子どもについては、できるだけ日ごろから特徴をつかんだり、声をかけたりして信頼関係をつくるように心がけているのです。

　また、この時間はC先生との貴重な情報交換の場にもなっています。特別な支援が必要な子どもには、学校を休みがちだったり、友達とのトラブルが多いなど、生徒指導のうえで注意が必要なケースも少なくないので、生徒指導主任との連携は欠かせません。

　9時になると二人の特別支援教育支援員が出勤してきます。A小学校では、支援員のスケジュール調整もコーディネーターの大切な役割です。月曜日は今

週担当してもらうクラスと子どもの様子について、支援員と打ち合わせをすることになっています。

　昨年、B先生は学級担任との兼務だったので、ほかのクラスの子どものことまで考える余裕はありませんでした。今年は校長先生の配慮で級外となり、コーディネーターとして活動できる時間が確保できたことに感謝しています。とはいっても、B先生も中・高学年の算数を中心に週17時間ほど授業を担当しています。学習が遅れがちな何人かの子どもの学習支援も行っています。それはそれでけっこう忙しいのですが、実際に授業のなかで対象となる子どもたちを教えることで担任からの相談が多くなるし、具体的な支援方法を提案することができると考えています。

　ある日の放課後、2年生の担任のD先生から相談がありました。採用されて2年目の若い教員です。クラスのE君が5月の連休明けから、授業中に立ち歩きをしばしばするようになり、ちょっとしたことで他の子どもを叩いたり、突き飛ばしたりするというのです。
　厳しく注意してもいっこうに改善されず、学年主任に相談したところ、B先生に検討してもらったらと言われたようです。昨年は校内委員会で名前があがっていなかったので、個別の指導計画などの資料が作成されていないE君ですが、今年になって気になる行動が目立ってきていたので、B先生も内心心配していました。

　A小学校では、特別支援教育についての方針や学校体制についての確認、対象となる子どもの把握のため、校内委員会が年に3回ほど開催されます。E君のケースのように、すぐに対応策を検討したほうがよいとコーディネーターが判断した場合は、定例の校内委員会の開催を待たずに個別のケース会議で対応することになっています。
　ケース会議では関係する教員を招集し、必要な情報を共有したり、具体的な対応方法を協議したりします。子ども自身の問題に加えて、家庭的な背景が複雑に絡んでいるケースでは、スクールカウンセラーに参加してもらったり、巡回相談の要請を検討したりします。

　5月の家庭訪問の際の話だと、お母さんもE君の最近の行動について心配しているということだったので、B先生も同席のもと、担任とお母さんの三者で

面談をすることになりました。B先生は、ケース会議の対象の子どもの保護者とはできるだけコミュニケーションをとるよう心がけています。よい情報があったときには電話や手紙、メールなどで連絡をします。授業参観や学校行事、担任との教育相談なども、保護者と自然に会って話ができるチャンスととらえています。

　E君への対応は比較的スムーズに始まりましたが、いつもこんなふうにうまく運ぶわけではありません。担任のD先生は若くて経験も浅く、逆にそれが幸いした面があります。担任がベテランの先生だと、問題がかなり深刻になるまで自分だけで抱え込んでしまったり、B先生が前から気になっている子どもがいても、なかなか担任に切り出しにくいこともあるのです。

　また、いろいろな対応策を考えても、実際にそれを行うのは担任です。どんなによい手だてであっても、学級づくりの基盤がしっかりしていなければ、けっして効果をあげることはできません。同様に、子どもにとってテンポよく、わかりやすい授業、子どもの能力を引き出すような授業がその基盤になければ子どもは変わりません。

　どのクラスにおいてもユニバーサルデザインの授業が実践されなければと、B先生は最近強く感じています。今年の夏の校内研修会のテーマは、「ユニバーサルデザインの授業づくり」でいこうと決めたのでした。

【引用・参考文献】

文部科学省「第3部その3 資料編」『特別支援教育資料（平成29年度）』2018a
文部科学省「発達障害を含む障害のある幼児児童生徒に対する教育支援体制整備ガイドライン～発達障害等の可能性の段階から、教育的ニーズに気付き、支え、つなぐために～」2017年
文部科学省『小学校学習指導要領（平成29年告示）解説　国語編』東洋館出版社、2018年b、p.160
文部科学省『小学校学習指導要領（平成29年告示）解説　総則編』東洋館出版社、2018年
文部科学省「「特別支援教育支援員」を活用するために」2007年
文部科学省「通常の学級に在籍する発達障害の可能性のある特別な教育的支援を必要とする児童生徒に関する調査結果について」2012年
文部科学省「「通常の学級に在籍する特別な教育的支援を必要とする児童生徒に関する全国実態調査」調査結果」2003年
大塚玲「学校は特別支援教育にどう取り組むべきか」『教師の広場』159、静岡教育出版社、2009年、pp.8-11

発達障害とは

　最近では、ニュースなどで「発達障害」ということばをよく耳にするようになりました。発達障害とは、生まれながらあるいは発達期に生じる脳の機能的な障害により認知や言語、行動などの機能の獲得に著しい困難が生じる状態をいいます。

　では、発達障害とは具体的に何を指すのでしょうか。実は、日本と欧米では大きく異なるのです。

　発達障害（developmental disabilities）は、もともと1960年代にアメリカで生まれたことばです。精神遅滞（知的障害）およびそれに類する障害のある人々に対する国家的な施策を規定した法律のなかで初めて使われました。現在でも欧米では、発達障害とは知的障害および脳性まひやてんかん、自閉症など知的発達に障害を伴う疾病を指す用語なのです。

　それに対し日本では、発達障害には知的障害を含まないのが一般的です。現在、行政やマスコミで使われている発達障害は、発達障害者支援法にもとづくものです。同法では発達障害を「自閉症、アスペルガー症候群その他の広汎性発達障害、学習障害、注意欠陥多動性障害その他これに類する脳機能の障害であってその症状が通常低年齢において発現するものとして政令で定めるもの」と定義しています。

　発達障害者支援法は、学習障害、注意欠陥多動性障害、高機能自閉症のある人たちへの支援を目的とした法律がなく、行政上の対応が十分なされてなかったことから制定された法律です。そのため、すでに知的障害者福祉法が制定されていた知的

障害は、発達障害者支援法の対象に含まれなかったのです。

文部科学省は「LD、ADHD、高機能自閉症等」としていた表記を、2007（平成19）年から「発達障害」の表記に換える方針をとりました。そのため、文部科学省が発達障害という用語を使用する場合は、学習障害（LD）、注意欠陥多動性障害（ADHD）、広汎性発達障害（自閉症、アスペルガー症候群など）の3つの障害を指しています。

それぞれの障害の特性

自閉症
- 言葉の発達の遅れ
- コミュニケーションの障害
- 対人関係・社会性の障害
- パターン化した行動、こだわり

知的な遅れを伴うこともあります

注意欠陥多動性障害
- 不注意（集中できない）
- 多動・多弁（じっとしていられない）
- 衝動的に行動する（考えるよりも先に動く）

広汎性発達障害

アスペルガー症候群
- 基本的に、言葉の発達の遅れはない
- コミュニケーションの障害
- 対人関係・社会性の障害
- パターン化した行動、興味・関心のかたより
- 不器用（言語発達に比べて）

学習障害
- 「読む」、「書く」、「計算する」等の能力が、全体的な知的発達に比べて極端に苦手

出典：厚生労働省 2008

【引用・参考文献】

厚生労働省「発達障害の理解のために」2008年

竹下研三「第1章 発達障害の概念 第1節 障害の概念と歴史」 有馬正高監修、熊谷公明・栗田広編『発達障害の基礎』日本文化科学社、1999年、pp.2-10

第3章

特別支援学級や通級による指導の仕組みとその実際

1 特別支援学級の仕組みと実際

(1) 特別支援学級とは

　特別支援学級は、障害の程度が比較的軽い児童生徒のために必要に応じて小学校や中学校に設置される少人数の学級です。学校教育法第81条第2項に次のように規定されています。

　小学校、中学校、義務教育学校*、高等学校及び中等教育学校**には、次の各号のいずれかに該当する児童及び生徒のために、特別支援学級を置くことができる。
　一　知的障害者
　二　肢体不自由者
　三　身体虚弱者
　四　弱視者
　五　難聴者
　六　その他障害のある者で、特別支援学級において教育を行うことが適当なもの

***義務教育学校**
小中一貫教育を行う学校。学校教育法の改正により2016年に創設されました。小学校段階に相当する6年の前期課程及び中学校段階に相当する3年の後期課程からなります。

****中等教育学校**
中高一貫教育を行う学校。学校教育法の改正により1999年に創設されました。中学校段階に相当する3年の前期課程と、高等学校段階に相当する3年の後期課程からなります。

この条文では、高等学校にも特別支援学級を設置できる規定になっています。しかし、高等学校が義務教育でないことや、高等学校の特別支援学級における特別の教育課程編成に関する法令上の規定がないこともあって、実際に特別支援学級を設置している高等学校はありません。

特別支援学級は障害の種別に設置されます。学校教育法第81条で示されている特別支援学級の対象となる障害は、**知的障害、肢体不自由、病弱・身体虚弱、弱視、難聴**の5障害ですが、それらに加えて**言語障害、自閉症・情緒障害**の特別支援学級があります。

（2）特別支援学級の対象となる障害と程度

特別支援学級の対象となる子どもたちの障害の種類と程度については、2013（平成25）年に文部科学省から出された「障害のある児童生徒等に対する早期からの一貫した支援について（通知）」に示されています。

【表3-1】特別支援学級の対象となる障害の種類及び程度

知的障害	知的発達の遅滞があり、他人との意思疎通に軽度の困難があり日常生活を営むのに一部援助が必要で、社会生活への適応が困難である程度のもの
肢体不自由	補装具によっても歩行や筆記等日常生活における基本的な動作に軽度の困難がある程度のもの
病弱及び身体虚弱	一　慢性の呼吸器疾患その他疾患の状態が持続的又は間欠的に医療又は生活の管理を必要とする程度のもの 二　身体虚弱の状態が持続的に生活の管理を必要とする程度のもの
弱視	拡大鏡等の使用によっても通常の文字、図形等の視覚による認識が困難な程度のもの
難聴	補聴器等の使用によっても通常の話声を解することが困難な程度のもの
言語障害	口蓋裂、構音器官のまひ等器質的又は機能的な構音障害のある者、吃音等話し言葉におけるリズムの障害のある者、話す、聞く等言語機能の基礎的事項に発達の遅れがある者、その他これに準じる者（これらの障害が主として他の障害に起因するものではない者に限る。）で、その程度が著しいもの
自閉症・情緒障害	一　自閉症又はそれに類するもので、他人との意思疎通及び対人関係の形成が困難である程度のもの 二　主として心理的な要因による選択性かん黙等があるもので、社会生活への適応が困難である程度のもの

出典：文部科学省 2013

ここに示された子どものうち、障害の状態、教育上必要な支援の内容、地域における教育の体制の整備の状況その他の事情を勘案して、特別支援学級にお

いて教育を受けることが適当であると認める子どもが対象となります。

（3）特別支援学級の児童生徒数と学級数

　全国の特別支援学級数及び在籍児童生徒数（2017年5月1日現在）を表3-2に示します。小学校において最も在籍児童数が多いのは自閉症・情緒障害特別支援学級で80,403人（48.1％）、次いで知的障害特別支援学級の77,743人（46.5％）です。中学校では知的障害特別支援学級が最も多く、35,289人（51.7％）、次いで自閉症・情緒障害特別支援学級の30,049人（44.0％）です。

　自閉症・情緒障害特別支援学級と知的障害特別支援学級を合わせると、小学校でも中学校でも、特別支援学級に在籍する児童生徒の約95％を占めることになります。

　2017（平成29）年度、全国の81.2％の小学校に特別支援学級が設置され、中学校の76.6％に設置されています（文部科学省, 2018a）。学区内の小・中学校に特別支援学級が設置されてない場合は、特別支援学級のある最寄りの小・中学校に通うことになります。

【表3-2】特別支援学級数及び在籍児童生徒数　　　　　　　　　　（2017年5月1日現在）

	小学校		中学校	
	学級数	児童数	学級数	生徒数
知的障害	18,371	77,743	8,683	35,289
肢体不自由	2,244	3,418	790	1,090
病弱・身体虚弱	1,468	2,480	643	1,021
弱視	358	413	119	134
難聴	793	1,242	329	470
言語障害	539	1,570	126	165
自閉症・情緒障害	18,091	80,403	7,636	30,049
計	41,864	167,269	18,326	68,218

出典：文部科学省 2018a

（4）特別支援学級の学級編制

　特別支援学級の1学級の児童生徒数は、学校教育法施行規則第136条におい

て15人以下が標準とされています。ただし、公立の小・中学校の特別支援学級の場合は、公立義務教育諸学校の学級編制及び教職員定数の標準に関する法律により、8人以下で学級が編制されます。

その場合、同学年ではなく複数学年で学級を編制できるため、たとえば1～6年生が1人ずつ計6人で1学級という場合もあります。2017（平成29）年度、特別支援学級1学級当たりの在籍児童生徒数の平均は小学校で4.0人、中学校で3.7人です（文部科学省, 2018a）。

（5）特別支援学級の教員

特別支援学級や**通級による指導**のための教員免許状はありません。いずれも小・中学校の教員免許状を所有している教員であれば担当できます。これらの担当教員の専門性をいかに担保していくかが、以前から重要な課題になっています。

文部科学省は、特別支援学級や通級による指導の担当教員は特別支援学校教諭免許状を保有していることが望ましいと、同免許状の取得を奨励しています。しかし、2017（平成29）年度の小学校の特別支援学級担任の特別支援学校教諭免許状保有率は32.2％、中学校の特別支援学級担任の保有率は27.3％（文部科学省, 2018a）と、けっして高いとはいえません。

特別支援学級の急増に伴い、特別支援学級担任も増加したため、2007（平成19）年の特別支援教育開始時に比べ、その保有率はかえって低下しているのです。

さらに、特別支援学級担任の約半数は特別支援学級の経験年数が2年未満で、4分の3が5年未満とする調査結果（山梨県教育委員会, 2009）や、担任の約7割が経験年数6年以下であるという調査結果（竹林地, 2014）が示すように、特別支援学級担任の入れ替わりの年数サイクルは短く、経験の浅い教員が担当している実態があります。

そのため、市町村や都道府県の教育委員会では特別支援学級担任や通級指導教室担当教員について、研修内容や方法の工夫により研修の充実を図ったり、特別支援学校との人事交流により中核となる教員を養成し配置するなどしたりして、その専門性の向上に努めています。

（6）特別支援学級の教育課程

特別支援学級は小・中学校に設けられている学級なので、その教育課程は原

則的に小・中学校の**学習指導要領**にもとづくことになります。しかし、特別支援学級は通常の学級での教育では十分な効果を得られない子どものための学級であり、障害のない児童生徒の教育課程をそのまま適用することは適切でない場合があります。

　学校教育法施行規則第138条では、小・中学校の特別支援学級の教育課程については、とくに必要がある場合は特別の教育課程によることができる、と規定しています。では、特別の教育課程とはどのようなものでしょうか。それについては、小・中学校学習指導要領の第1章「総則」に示されています。

小学校学習指導要領（第1章 総則 第4の2の(1)のイ）

　　イ　特別支援学級において実施する特別の教育課程については、次のとおり編成するものとする。
　　（ア）障害による学習上又は生活上の困難を克服し自立を図るため、特別支援学校小学部・中学部学習指導要領第7章に示す自立活動を取り入れること。
　　（イ）児童の障害の程度や学級の実態等を考慮の上、各教科の目標や内容を下学年の教科の目標や内容に替えたり、各教科を、知的障害者である児童に対する教育を行う特別支援学校の各教科に替えたりするなどして、実態に応じた教育課程を編成すること。

　（ア）では、特別支援学校小学部・中学部学習指導要領に示す**自立活動**を取り入れることを規定しています。自立活動は上記（第7章）によると、「個々の児童又は生徒が自立を目指し、障害による学習上又は生活上の困難を主体的に改善・克服するために必要な知識、技能、態度及び習慣を養い、もって心身の調和的発達の基盤を培う。」ことをねらいとしています。

　自立活動の内容には、「健康の保持」「心理的な安定」「人間関係の形成」「環境の把握」「身体の動き」「コミュニケーション」の6つの区分があり、さらにその下に計27の項目が設けられています。ただし、その27項目すべてを取り扱うわけではなく、子どもの障害の状態などの的確な把握にもとづき、必要な項目を選定して取り扱います。そのため、一人一人に個別の指導計画を作成し、それにもとづいて指導を展開する必要があります。

　（イ）の規程は、子どもや学級の実態に応じて、各教科の目標や内容を**下学年の目標や内容**に替えたり、各教科を特別支援学校（知的障害）の各教科に替えたりできることを示しています。知的障害特別支援学級では、特別支援学校

（知的障害）を参考に、**日常生活の指導**や**生活単元学習**、**作業学習**などの教科等を合わせた指導を行ったりしています（詳しい内容については第4章を参照）。

【表3-3】特別支援学級（小学校3年）の週時間割の例

	月	火	水	木	金
1	日生	音楽	体育	日生	国語
2	国語	国語	理科	国語	理科
3	書写	図工	生単	学活	音楽
4	生単	社会	図工	生単	体育
5	算数	体育	算数	算数	総合
6		算数		社会	

日生：日常生活の指導
生単：生活単元学習
総合：総合的な学習の時間

出典：新潟市教育委員会 2018

（7）交流及び共同学習

　2004（平成16）年に改正された障害者基本法では、「障害者である児童及び生徒と障害者でない児童及び生徒との**交流及び共同学習**を積極的に進め、相互理解を促進すること」が規定されました。それを踏まえ、2008（平成20）年3月に公示された幼稚園教育要領や小・中・高等学校の学習指導要領、2009（平成21）年3月に公示された特別支援学校学習指導要領などに交流及び共同学習が位置づけられ、障害のある子どもと障害のない子どもが活動をともにする機会を積極的に設けるよう示されました。

　特別支援学級と通常の学級のあいだでは、日常の学校生活のさまざまな場面で交流及び共同学習が行われています。たとえば、特別支援学級の子どもが通常の学級に行き、そこで朝の会や帰りの会に参加したり、給食を一緒に食べたり、音楽や体育、図画工作、算数など特定の教科を通常の学級で学習したりするなどの取り組みが行われています。

2 通級による指導の仕組みと実際

（1）通級による指導とは

　小・中学校の通常の学級に在籍する障害の程度が軽い児童生徒が、ほとんど

の授業を通常の学級で受けながら、その障害の状態に応じた特別な指導を**通級指導教室**という特別な場で受けるものです。

通級による指導における特別な指導の考え方については、小・中学校学習指導要領の第1章「総則」に示されています。

小学校学習指導要領（第1章 総則 第4の2の(1)のウ）

ウ 障害のある児童に対して、通級による指導を行い、特別の教育課程を編成する場合には、特別支援学校小学部・中学部学習指導要領第7章に示す自立活動の内容を参考とし、具体的な目標や内容を定め、指導を行うものとする。その際、効果的な指導が行われるよう、各教科等と通級による指導との関連を図るなど、教師間の連携に努めるものとする。

障害に応じた特別な指導とは、障害にもとづく種々の困難の改善・克服を目的とするもので、特別支援学校における自立活動に相当する内容の指導です。これが通級による指導の中心になります。たとえば、言語障害通級指導教室では正しい音の認知や模倣、発音・発語の指導など構音の改善にかかわる指導を行っています。

しかし、とくに必要がある場合にはこれに加えて、障害の状態に応じて各教科の内容を補充するための指導を行うこともできます。たとえば、国語の教科書の音読の指導をしたり、感想や意見をまとめて話せるようにしたりするための指導がこれに相当します。ただし、これらの指導は、単なる各教科の遅れを補充するための指導ではなく、あくまでも自立活動の指導の一環として行われるものです。

通級による指導の授業時間数は、自立活動及び教科の補充指導を合わせて、年間35単位時間（週1単位時間）から280単位時間（週8単位時間）までを標準としています。ただし、学習障害と注意欠陥多動性障害については、月1単位時間程度でも指導上の効果が期待できる場合もあることから、年間10単位時間（月1単位時間）から280単位時間までが標準として示されています。

通級による指導は、個別指導が中心となりますが、必要に応じてグループ指導を組み合わせて行われます。たとえば、注意欠陥多動性障害や自閉症などでソーシャルスキルやコミュニケーション能力、対人関係などに課題があるなどの場合は、組み合わせて指導が行われます。

通級の形態には、在籍校に設置されている通級指導教室で指導を受ける**自校**

通級と、在籍校に通級指導教室がないため他の学校に通級する**他校通級**があります。通級指導担当教員が該当する児童生徒がいる学校に赴き、または複数の学校を巡回して指導を行う**巡回指導**という形態もあります。

また、特別支援学校が通級による指導を行う場合もあります。聴覚障害のため聞こえやことばに関する指導や支援が必要な、小・中学校の通常の学級に在籍する児童生徒を対象に通級による指導を行っている特別支援学校（聴覚障害）などがあります。

通級による指導は、学校教育法施行規則第140条及び第141条の規定にもとづき実施されるものです。教育課程の位置づけは、児童生徒が属する学年の通常の教育課程に、通級による特別の教育課程を加えるまたは一部に替えることになります。実際には、その児童生徒の教育課程（授業時間）のなかで行うか、あるいは放課後に行うことになります。

なお、2016（平成28）年12月に学校教育法施行規則及び文部科学省告示（平成5年文部省告示第7号）が改正され、2018（平成30）年度から高等学校においても通級による指導ができることとなりました。

（2）通級による指導の対象となる障害と程度

現在、通級による指導の対象となる障害は、**言語障害、自閉症、情緒障害、弱視、難聴、学習障害、注意欠陥多動性障害、肢体不自由、病弱・身体虚弱**です。学習障害と注意欠陥多動性障害は、2006（平成18）年度から新たに通級による指導の対象となりました。

またそれまで情緒障害には、中枢神経系の機能不全を原因とする自閉症と心理的な要因による選択性緘黙（かんもく）の2つのタイプが含まれていましたが、これらは障害の原因や指導法が異なるため、自閉症は情緒障害から独立して規定されることになりました。

通級による指導を担当する教員は、基本的には1つの障害の種類に該当する児童生徒を指導することになります。しかし、コミュニケーション上の指導についての学習障害と注意欠陥多動性障害の関係のように、比較的指導内容が類似しており、その両方について指導できる専門性をもつ担当教員がいる場合は、一人の教員が2つ以上の障害種について指導することができることになっています（文部科学省, 2007）。

なお、知的障害は通級による指導の対象になっていません。ほとんどの時間、通常の学級で授業を受けながら通級するという教育形態は、知的障害の子ども

には効果的でなく、特別支援学級において教育することが適切であると考えられるためです（文部科学省, 2007）。

対象となる障害の種類と程度は、次に示すとおりです。

【表3-4】通級による指導の対象となる障害の種類及び程度

言語障害	口蓋裂、構音器官のまひ等器質的又は機能的な構音障害のある者、吃音等話し言葉におけるリズムの障害のある者、話す、聞く等言語機能の基礎的事項に発達の遅れがある者、その他これに準じる者（これらの障害が主として他の障害に起因するものではない者に限る。）で、通常の学級での学習におおむね参加でき、一部特別な指導を必要とする程度のもの
自閉症	自閉症又はそれに類するもので、通常の学級での学習におおむね参加でき、一部特別な指導を必要とする程度のもの
情緒障害	主として心理的な要因による選択性かん黙等があるもので、通常の学級での学習におおむね参加でき、一部特別な指導を必要とする程度のもの
弱視	拡大鏡等の使用によっても通常の文字、図形等の視覚による認識が困難な程度の者で、通常の学級での学習におおむね参加でき、一部特別な指導を必要とするもの
難聴	補聴器等の使用によっても通常の話声を解することが困難な程度の者で、通常の学級での学習におおむね参加でき、一部特別な指導を必要とするもの
学習障害	全般的な知的発達に遅れはないが、聞く、話す、読む、書く、計算する又は推論する能力のうち特定のものの習得と使用に著しい困難を示すもので、一部特別な指導を必要とする程度のもの
注意欠陥多動性障害	年齢又は発達に不釣り合いな注意力、又は衝動性・多動性が認められ、社会的な活動や学業の機能に支障をきたすもので、一部特別な指導を必要とする程度のもの
肢体不自由、病弱及び身体虚弱	肢体不自由、病弱又は身体虚弱の程度が、通常の学級での学習におおむね参加でき、一部特別な指導を必要とする程度のもの

出典：文部科学省 2013

（3）通級による指導の実施状況

通級による指導を受けている児童生徒数（2017年5月1日現在）は、小学校で約97,000人、中学校は約12,000人です。障害種別に割合を見ると、言語障害が最も多く34.5％を占め、次いで自閉症の18.0％、注意欠陥多動性障害が

16.6％、学習障害が15.2％、情緒障害が13.4％となっています（文部科学省，2018b）。

【表3-5】通級による指導を受けている児童生徒数（人） （2017年5月1日現在）

	言語障害	自閉症	情緒障害	弱視	難聴	学習障害	注意欠陥多動性障害	肢体不自由	病弱・身体虚弱
小学校	37,134	16,737	12,308	176	1,750	13,351	15,420	100	20
中学校	427	2,830	2,284	21	446	3,194	2,715	24	9
計	37,561	19,567	14,592	197	2,196	16,545	18,135	124	29

出典：文部科学省 2018b

　通級による指導は1993（平成5）年度から開始されました。それ以降、通級による指導を受けている児童生徒数は増加傾向が続いています。増加が顕著な障害種は、注意欠陥多動性障害、学習障害、情緒障害、自閉症、言語障害です。

　2017（平成29）年度、小学校4,399校と中学校809校に通級指導教室が設置され、公立小・中学校の17.7％で通級による指導が行われていることになります。

　通級形態別に割合を見ると、自校通級が53.9％、他校通級が40.0％、巡回指導は6.0％です。障害種別により自校通級と他校通級の児童生徒の割合は異なり、自閉症、学習障害、注意欠陥性多動性障害では自校通級の方が多く、言語障害、弱視、難聴では他校通級が多くなっています。

　対象となる児童生徒の増加に伴い、担当教員も増加しています。教員一人当たりの担当児童生徒数は、平均すると13人程度です。担当教員の71.4％が複数の障害種の児童生徒を指導しています（文部科学省，2018b）。

【引用・参考文献】

竹林地毅「小学校特別支援学級担任者の専門性向上に関する調査」『特別支援教育実践センター研究紀要』12、広島大学大学院教育学研究科附属特別支援教育実践センター、2014年、pp. 75-82
文部科学省「平成29年度通級による指導実施状況調査結果について（別紙2）」2018年b
文部科学省「改訂版 通級による指導の手引き 解説とQ&A」第一法規、2007年
文部科学省「教育支援資料」2013年
文部科学省「小学校学習指導要領（平成29年告示）解説　総則編」東洋館出版社、2018年
文部科学省「特別支援教育資料（平成29年度）」2018年a
新潟市教育委員会「特別支援学級の授業づくりガイドブック　平成30年度版」2018年
山梨県教育委員会「特別支援学級学級担任・通級指導教室担当者ハンドブック」2009年

第4章

特別支援学校における教育の仕組みとその実際

1 特別支援学校とは

(1) 学校教育法における特別支援学校の目的など

特別支援学校は、学校教育法に次のように規定されています。

> 【第72条】 特別支援学校は、視覚障害者、聴覚障害者、知的障害者、肢体不自由者又は病弱者（身体虚弱者を含む。以下同じ。）に対して、幼稚園、小学校、中学校又は高等学校に準ずる教育を施すとともに、障害による学習上又は生活上の困難を克服し自立を図るために必要な知識技能を授けることを目的とする。

特別支援学校を設置するのは、国、地方公共団体と私立学校法に規定する学校法人です。

小・中学校などの各教科などの教育内容は、それぞれの学習指導要領で目標達成のために、学年に応じて系統的・段階的に選定され、配列されています。特別支援学校も基本的には同じですが、児童生徒の障害の状態や特性に考慮し、各教科などの目標や内容を変更したり、修正したりすることがあります。

これに加えて、障害があることでさまざまな困難のある子どもたちに、自立のために必要な知識技能を授ける学校である、としています。

特別支援学校は、2007（平成19）年4月、学校教育法の改正より、それまでの「特殊教育諸学校（盲学校、聾学校、養護学校）」が一元化されて、「特別支援学校」に名称が変更されました。ただし、現在も「盲学校」「聾学校」「養

護学校」と表記している学校もあります。

　特別支援学校には幼稚部と義務教育である小学部と中学部、それに義務教育ではない高等部が設置されています。ただし、幼稚部は主に視覚障害や聴覚障害を対象とする特別支援学校にあります。幼稚部や高等部がなく、小学部と中学部のみの学校もあります。

　また、中学校の特別支援学級出身者が多い、高等部単独の特別支援学校も存在します。

　障害や病気療養中のため、通学することが困難な児童生徒に対しては、特別支援学校の教員をその家庭などに派遣する**訪問教育**が行われています。

　特別支援学校の特徴は、それぞれの学校の経営方針や教育目標に沿って、小学部から中学部までの9年間、さらには高等部の3年間を加えて12年間の一貫性・系統性のある教育が行われることです。

　各教科などの指導にあたっては、個々の児童生徒の実態を的確に把握し、**個別の指導計画**を作成することが学習指導要領に規定されています。また、個別の指導計画にもとづいて行われた学習の状況や結果を適切に評価し、指導の改善に努めることになっています。

　さらに、長期的な視点で児童生徒への教育的支援を行うために、一人一人のニーズを把握して、医療・福祉・教育・労働などの関係諸機関が連携し、適切かつ効果的に教育支援を行うために、教育上の指導や支援を内容とする**個別の教育支援計画**が作成され、計画・実施・評価（Plan – Do – See）のプロセスが重要視されています。

（2）対象とする児童生徒など

　特別支援学校へ就学する児童生徒の障害の程度（就学基準）は、学校教育法施行令第22条の3で定められています（巻末付録を参照）。この条項に該当する児童生徒のうち、児童生徒の居住する市町村の教育委員会がその者の障害の状態、教育上必要な支援の内容、地域における教育体制の整備状況その他の事情を勘案して、特別支援学校に就学させることが適当であると認める者を**認定特別支援学校就学者**といいます。

　特別支援学校には、小・中学校の特別支援学級に在籍する児童生徒に比べ、障害の程度が比較的重く、一人一人の状況に応じた個別的な指導や支援をより必要とする児童生徒が在籍しています。

　このため、1学級（同一学年で編制する単一障害学級）の児童生徒数は、公立

特別支援学校では、小・中学部6人、高等部8人で、複式編制の重複障害学級にあってはいずれの学部も3人となっています。

2017(平成29)年5月1日現在の全国の特別支援学校数、学級数や在学者数を表4-1に示します。特別支援学校（知的障害）の場合、幼稚部の在学者数が少なく、高等部の生徒数が小学部・中学部の在学者数より多い状況にあります。

特別支援教育が始まって以降、特別支援学校の児童生徒数が増加しています。これは特別支援学校が行う、一人一人に応じた、専門性にもとづく支援が保護者に受け入れられていることの表れですが、学校によっては整備が追いつかず、教室不足の状態が続いています。

【表4-1】特別支援学校数（障害種別）、学級数および在学者数

国・公・私立計（2017年5月1日現在）

	学校数	学級数	在学者数				
			幼稚部	小学部	中学部	高等部	計
	学校	学級	人	人	人	人	人
視覚障害	82	2,167	199	1,550	1,228	2,340	5,317
聴覚障害	116	2,818	1,141	2,935	1,853	2,340	8,269
知的障害	776	30,823	247	37,207	27,662	63,796	128,912
肢体不自由	350	12,474	102	13,578	8,381	9,752	31,813
病弱・身体虚弱	149	7,521	38	7,306	5,158	6,933	19,435

出典：文部科学省 2018a

＊この表の学級数および在学者数は、特別支援学校で設置されている学級を基準に分類したものである。複数の障害種を対象としている学校・学級、また、複数の障害を併せ有する幼児児童生徒については、それぞれの障害種ごとに重複してカウントしている。

2 障害種に応じた特別支援学校

2007（平成19）年の学校教育法の改正によって、それまでの特殊教育諸学校は「特別支援学校」として障害種別を越えて児童生徒を受け入れて教育できる学校に改められました。つまり、特別支援学校は、視覚障害、聴覚障害、知的障害、肢体不自由、病弱の5障害と、これらの重複障害に対応する学校です。

ただし、従来の盲・聾・養護学校が、対象とする障害の種別を全面的になくして、あらゆる障害種別の子どもを受け入れることになったわけではありません。制度そのものは統合されたものの、それぞれの学校については設置者（多

くは都道府県）が定める条例などによって、受け入れる障害種別をそれぞれに定めることになっているからです。このため、都道府県によって、複数の障害種を受け入れる学校が一般的なところもあれば、従来どおり障害種別ごとに学校が設置されているところもあるのです。

いずれにせよ、特別支援学校は障害種に応じた、高度で専門的な対応を行っています。では、障害種に応じた特別支援学校の特徴について、次に説明していきましょう。

特別支援学校（視覚障害）

幼稚部・小学部の段階では、子どもが「指は目である」ということを意識するように、探索活動を多く取り入れた教育活動を行い、概念形成の基本的な力を育てます。

自立活動の時間に児童生徒の障害の特性や程度に応じて、**点字**の指導や**白杖**歩行の訓練が行われています。また、弱視者に拡大読書器などを活用した指導、卒業後の自立へ向けての生活訓練などを行っています。

高等部には本科と専攻科があります。本科には、高等学校に準じた教育を行う普通科や、職業的技能の習得を目指す保健理療科などがあります。専攻科は、本科を卒業した者や高等学校の卒業資格をもつ視覚障害者が進学します。

専攻科には保健理療科や理療科などがあり、国家資格取得を目標にした職業教育を行っています。そのため、専攻科には成人になってから病気やけがで視覚に障害が生じた中途視覚障害者も学んでいます。

保健理療科では、あん摩マッサージ指圧の技術を学び、修了するとあん摩マッサージ指圧師の国家試験を受験する資格が得られます。理療科では、あん摩マッサージ指圧、はり、きゅうの技術を学び、修了するとあん摩マッサージ指圧師、はり師、きゅう師の国家試験を受験する資格が得られます。

特別支援学校（聴覚障害）

1歳児から就学前教育（最早期教育）を行い、3歳児では集団での音楽を楽しみながら、聴き取り遊びやゲームなどをして聴覚活用を図ります。教室には、補聴器、FMマイク、人工内耳装着の子どもたちが音を聞きやすいよう、FM補聴システムが敷設されています。また、口形や手指によるキューサインを見て、教員や友達の話を聞いたり、自分の発音に気をつけて発表したりします。

中学部では、**手指法（手話・指文字）**を取り入れて、確実に情報を受け取り、

ことばの概念を広げることを目標にします。近年は重複障害児の増加により、教育内容が多様化しています。

高等部および専攻科の専門教育を主とする学科については、「理容・美容に関する学科」「歯科技工に関する学科」などがあります。

また、地域の小・中学校に通う聴覚障害児に、放課後、発音指導などの自立活動や教科の補充を行う**通級指導教室**を置く学校もあります。

特別支援学校（知的障害）

一人一人の児童生徒が、その障害の状態や特性などに応じて社会生活に必要な知識、技能、態度や習慣を養い、積極的に社会参加する力を身につけることをめざしています。

教育課程の編成にあたっては、知的障害の特性を考慮して、「特に必要があるときは、各教科、道徳、外国語活動、特別活動及び自立活動の全部又は一部について、合わせて授業を行うことができる」（学校教育法施行規則第130条第2項）とされています。

特別支援学校（知的障害）の教育課程と、**各教科等を合わせた指導**や自立活動などの実際については、次の節で詳しく述べます。

特別支援学校（肢体不自由）

障害の程度や発達段階に対応した、自立活動中心、生活単元学習・作業学習中心、教科中心の教育課程がそれぞれ準備されています。

自立活動中心の教育課程は、生活リズムを整え、全身を使った遊びや感触を味わう活動を通して、健康な体づくりをめざします。また、まわりの人や物とのかかわりを大切にし、自分の気持ちを表す力を身につけます。主治医の指導を受け、看護師を配置して医療的ケア*を行っています。

> **＊医療的ケア**
>
> 学校や在宅等で日常的に行われている、たんの吸引・経管栄養・気管切開部の衛生管理などの医行為を指します。2012（平成24）年度の制度改正により、看護師等の免許を有しない者も、医行為のうち、たんの吸引や経鼻経管栄養等の5つの特定行為に限り、研修を終了し、都道府県知事に認定された場合には、「認定特定行為業務従事者」として一定の条件下で実施できるようになりました。

生活・作業中心の教育課程は、自分の意思を伝えるためのコミュニケーションの力を身につけます。興味や関心を広げ、やりたい気持ちを大切にした取り組みをしています。
　教科中心の教育課程は、基礎的・基本的な学力を身につけ、自分の得意なことを伸ばしていきます。
　肢体不自由者を対象とする学校の自立活動においては、主に身体機能訓練とコミュニケーション能力の育成が図られています。

特別支援学校（病弱）

　多くの特別支援学校（病弱）は、それぞれの地方の国公立病院に併設または隣接し、そこに入院している子どもたちが中心です。通常の学校に準ずる教育と自立活動の時間を設け、自分の病気と向き合い、自分のよさを見つけ磨いて、自立するための学習を行っています。一人一人の病状に応じた対応がなされているのです。
　病弱児のための特別支援学校が近くにないか設置されていない場合、院内学級や訪問学級という名称で、地方の基幹病院の小児科病棟のなかに病弱児のためのクラスが設けられていますが、最寄りの小・中学校の特別支援学級として設置されているものと、特別支援学校の分校・分教室として設置されているものがあります。
　近年は不登校児童や被虐待の児童生徒が多数在籍している特別支援学校（病弱）が増えています。

3　知的障害を主とする特別支援学校の実際

（1）特別支援学校（知的障害）の教育課程

　特別支援学校（知的障害）の教育課程は、たとえば、小学部の「知的障害者である児童を教育する場合は、生活、国語、算数、音楽、図画工作及び体育の各教科、特別の教科である道徳、特別活動並びに自立活動によつて」編成するものとしています（学校教育法施行規則第126条第2項）。中学部、高等部も同様に規定（同規則第127条第2項、第128条第2項）されています。
　図4-1に特別支援学校（知的障害）小・中学部における教育課程の基本型

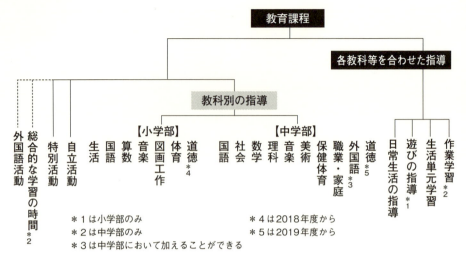

【図4-1】特別支援学校（知的障害）小・中学部の教育課程

を示しました。

　高等部の教育課程は紙数の都合で省略しますが、小学部・中学部と異なる点が多々あります。

　なお、重複障害のある児童生徒について、障害の状態によりとくに必要がある場合には、各教科、外国語活動もしくは特別活動の目標および内容に関する事項の一部または各教科、外国語活動もしくは総合的な学習の時間に替えて、自立活動を主として指導できることになっています。各学校で実情に応じて授業時数を適切に定めることができます。

（2）各教科等を合わせた指導

　特別支援学校では、とくに必要がある場合は**各教科等を合わせた指導**ができます。学校教育法施行規則第130条第1項に「特に必要がある場合は、各教科又は各教科に属する科目の全部又は一部について、合わせて授業を行うことができる。」と規定されています。

　また、同規則第130条第2項には、「知的障害者である児童若しくは生徒又は複数の種類の障害を併せ有する児童若しくは生徒を教育する場合において特に必要があるときは、各教科、道徳、外国語活動、特別活動及び自立活動の全部又は一部について、合わせて授業を行うことができる。」と、領域を統合することができることも定められています。

各教科等を合わせた指導では、学習内容を領域や教科に分けることなく、実際の子どもの生活上の事柄に即し、具体的な活動を通して学ぶことが意図されるのです。これは、知的障害のある子どもの学習上の次のような特性から行われるものです。

・学習によって得た知識や技能が断片的になりやすく、実際の生活の場で応用されにくい。
・成功経験が少ないことなどにより、主体的に活動に取り組む意欲が十分に育っていない。
・実際的な生活経験が不足しがちであることから、抽象的な内容より、実際的・具体的な内容の指導が効果的である。

　各教科等を合わせた指導を行う際は、児童生徒の知的障害の状態、生活年齢、学習状況や経験等に応じることが必要です。また、各教科等を合わせた指導を行う場合においても、各教科等の目標を達成していくこととなり、育成を目指す資質・能力を明確にして指導計画を立てることが重要です。
　各教科等を合わせた指導には次のものがあります。

日常生活の指導

　主に基本的生活習慣（衣服の着脱、手洗い、洗面、排尿・排便、食事、清潔など）や日常生活に必要な基本的な事柄（あいさつ、ことばづかい、時間、きまり、持ち物の整理、乗り物の利用など）について、体験を通じて学習します。教科の生活科の内容だけでなく、他教科や道徳などの領域の内容も含めて理解し習得する指導法です。生活の流れに沿って、実際の「登校」「衣服の着脱」「朝の会」「排泄」「休憩」「給食」「清掃」「帰りの会」「下校」などの活動を通して行われています。

遊びの指導

　遊びの指導は、「遊び」を学習活動の中心にすえて、活発に体を動かしたり、仲間とのかかわりを促したりします。意欲的な活動を育み、心身の発達を促す指導法で、単に遊び方を教えることをねらいに行われるものではありません。
　遊びの指導では、生活科の内容をはじめ各教科のさまざまな内容が扱われます。たとえば、体を動かすという活動は体育、ことばを介して人とかかわるというのは国語や生活、また道徳や自立活動の目標や内容が含まれています。場

や遊具などが限定されることなく、比較的自由に使うようにする取り組みから、時間や場所を決め、題材やグループの構成などを設定したりする取り組みなど、さまざまに工夫されます。

「キャンプをしよう」班別で食事づくり

生活単元学習

たとえば「運動会を成功させよう」「七夕まつり」「力を合わせて2泊3日のキャンプをしよう」「卒業生を送る会」など、学校生活における課題を解決するために、一連の学習活動を組織的に経験して、自立的な生活に必要なさまざまな事柄を実際的、総合的に学習するものです。

テーマ（単元）に即して、計画・準備・実際活動・反省・まとめの順で集団活動が展開されます。児童生徒の実態に即した指導内容を精選して、学習できるように工夫することが大切なポイントとなります。

生活単元学習には、領域や各教科のさまざまな内容が含まれますが、これらを習得するための手段や方法ではありません。児童生徒は学校生活における目標や課題を達成させるための活発な集団活動に取り組み、その結果として領域や教科の内容を習得するのです。

中学部　手芸班

作業学習

作業学習は、働く意欲を培い、将来の職業生活や社会生活に必

要な事柄を総合的に学習する取り組みで、主に中学部・高等部で行われます。

作業活動が中心になり、その種類は「農耕」「園芸」「紙工」「木工」「縫製」「窯業」「調理」「印刷」「食品加工」「クリーニング」のほか、近年は「清掃」「事務」「販売」「接客」などを含み多種多様です。生徒の実態、地域や学校の状況などにより選定します。中学部の職業・家庭科や、高等部の職業科や家庭科の内容だけでなく、各教科などの広範囲の内容が取り扱われます。

作業学習は、直ちに卒業後の進路に直結するものではありません。勤労の意義について理解し、職業生活や家庭生活に必要な知識、技能および実践的な態度を育てることがねらいです。

（3） 自立活動

自立活動の目標は、児童生徒が自立をめざし、障害による学習上や生活上の困難を主体的に改善・克服するために必要な知識、技能、態度や習慣を養うことです。また、それとともに心身の調和的発達の基盤を培います。

自立活動の内容は「健康の保持」「心理的な安定」「人間関係の形成」「環境の把握」「身体の動き」「コミュニケーション」の6区分で構成され、さらに27項目に分類されます。ただし、各項目をそれぞれに指導するということではなく、支援の内容や方法は、担当する教員が児童生徒の実態を把握しながら組み立てて、授業を展開します。

自立活動は、授業時間を特設して行う自立活動の時間における指導を中心とし、各教科等の指導においても、自立活動の指導と密接な関連を図って行わなければなりません。このように自立活動は、障害のある児童生徒の教育において、教育課程上、重要な位置を占めているといえます。

特別支援学校（知的障害）に重複障害児や自閉症児、発達障害児などの認知やコミュニケーションに課題をもつ児童生徒が増加しているため、自立活動の時間を時間割のなかに設けて行う指導が多くなっています。

自立活動は専門的な知識や技法が求められるとともに、多くの教員のかかわりが必要です。また、個々の児童生徒の障害の状態や、発達や経験の程度、生活や学習環境などの実態を的確に把握し、**個別の指導計画**を作成することになっています。

（4） 交流および共同学習

交流および共同学習は、障害のある子どもたちと障害のない子どもたち、障

害のある子どもたちと地域の人たちが、意図的・計画的にふれ合い、一緒に交流や学習をする機会です。誰にとっても意義のある活動であるばかりではなく、障害のある子どもとその教育に対する正しい理解と認識を深めるための絶好の機会でもあります。

　この取り組みは、児童生徒がふれ合いを通してお互いを知り、豊かな人間性を培い、ともに助け合い支え合う社会づくりに主眼を置いた交流の面と、各教科などの学習をともに行い、そのねらいの達成を目的とする共同学習の面とがあります。その実際を大別すれば次のとおりです。

学校間で行う交流および共同学習

　特別支援学校の各学部（小学部、中学部、高等部）や学級と相手校の通常の学級、生徒会、クラブとの間でさまざまな交流活動などを行います。

居住地校との交流および共同学習

　特別支援学校の児童生徒が個別に自宅のある地域の学校と取り組みを進めます。

地域との交流および共同学習

　特別支援学校の児童生徒が、特別支援学校の所在する地域や児童生徒の住んでいる地域の人々との交流を行います。

　交流および共同学習の主な取り組み内容は「教室での教科などの学習」「学

学校間交流　自己紹介カードの交換

校祭、運動会などの学校行事での学習」といった直接交流と、「手紙、ビデオ、図工作品などの交換を通しての学習」といった間接交流があります。

（5）進路指導（実習、進路学習、進路相談）

特別支援学校では、生徒が主体的に卒業後の進路を選択・決定し、その後、充実した地域生活を送り、社会参加ができるように進路指導が行われています。進路指導の枠組みを図4-2に示しましたが、実習と進路学習、進路相談から構成され、高等部の3年間にこの3つが有機的に統合して展開されます。

実習（作業体験）

中心となる実習（作業体験）は、作業学習や主として専門学科（農業科、家庭科、産業科など）において開設される専門教科（家政、農業、工業、流通・サービス、福祉）での実習と**産業現場等における実習（現場実習）**です。

会社や工場や福祉施設、市役所などで行う、働く体験である現場実習は、徐々に実習期間が長くなるように計画され（短期短時間から2週間以上）、生徒の実態に合わせた期間が設定されます。

進路学習

進路学習は、主体的な進路選択にあたって自己選択・自己決定できるように、生徒への情報を提供し、**自己理解**を促す学習です。

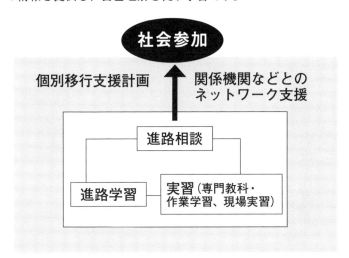

【図4-2】進路指導の枠組み

内容としては、「i　さまざまな職業や職種、自分の適性と仕事」、「ii　住居や生活の場（グループホームやアパート）」、「iii　給料と経済生活」、「iv　生涯学習や余暇利用の仕方」、「v　福祉サービスの利用（**療育手帳**、各種福祉サービスと利用方法）」、「vi　権利擁護（消費者被害への対応など）」などです。

進路相談

これらの学習や体験をもとに、個別の進路相談によって、主体的に実習先や進路先を選択することにつながります。1つの実習が終わると、生徒は体験した職種についての職業適性や職場の人たちとのかかわり方についての振り返りを行い、今後の進路について自らの希望をもとに教員と対話を重ねます。そして、興味、能力、価値観、その他の特性についての自己理解をもとに、働くことの目的や意義を深め（職業観、勤労観の形成）、自らが就職する意味を問い（就職への目的意識）、職業を選択していきます。

個別の教育支援計画の一環として作成される**個別移行支援計画**は、生徒の学校生活から卒業後の就労を中心とした地域生活への移行をめざした支援計画です。この計画には、実習、進路相談、進路学習、それに移行にあたっての課題達成のための具体的な手立てなどが含まれています。また、移行を支援するには、関係機関によるネットワーク支援が必要です。

4　地域における特別支援教育のセンター的役割

2007（平成19）年の改正学校教育法の施行により、特別支援学校の役割として、「幼稚園、小学校、中学校、高等学校又は中等教育学校の要請に応じて、幼児、児童又は生徒の教育に関し必要な助言又は援助を行うよう努めるものとする。」（第74条）が新たに加えられました。

期待される**センター的機能（役割）**は次のようなものです。

・小・中学校などの教員への支援機能
・特別支援教育などに関する相談、情報提供機能
・障害のある幼児児童生徒への指導・支援機能
・福祉、医療、労働などの関係機関などとの連絡・調整機能
・小・中学校などの教員に対する研修協力機能
・障害のある幼児児童生徒への施設設備などへの提供機能

特別支援学校がこれまでに築いてきた専門性を生かし、医療や福祉、労働などの関係機関と連携しながら、その在籍する児童生徒に対してより質の高い教育を行うとともに、その専門性を十分に発揮して小・中学校などの教育を支援するなど、地域における特別支援教育のセンター的役割を果たすことが要請されています。

【引用・参考文献】
京都教育大学附属教育実践センター機構特別支援教育臨床実践センター、奈良教育大学教育研究支援機構特別支援教育研究センター監修「特別支援教育テキスト」京都教育大学附属教育実践センター機構特別支援教育臨床実践センター、2013年
文部科学省「特別支援学校学習指導要領解説　各教科等編（小学部・中学部）」2018年
文部科学省「特別支援学校教育要領・学習指導要領解説　自立活動編」2018年
文部科学省「特別支援学校教育要領・学習指導要領解説　総則編（幼稚部・小学部・中学部）」2018年
文部科学省「特別支援教育資料（平成29度）」2018年a
特別支援教育の在り方に関する調査研究協力者会議「今後の特別支援教育の在り方について（最終報告）」2003年

COLUMN

障害者の手帳制度

　障害のある子どもや成人は、保健・医療・福祉などのサービス（支援）を使って、自立と社会参加を果たしていきます。障害者の手帳制度とは、手帳の交付を受けた者に対して、児童相談所や知的障害者更生相談所などが一貫した指導・相談を行うとともに、その者が各種の支援策を受けやすくするためのものです。

　手帳を取得しないと、すべてのサービスが利用できないということではありませんが、20歳からの障害基礎年金を受給することはできません。また、障害者の雇用の促進等に関する法律により、企業は障害者を一定割合以上の人数、雇用する義務がありますが、手帳を取得していれば「障害者枠」で就職できるのです。

　手帳を取得することで、本人やその保護者は障害を早く受け入れることができるでしょう。また、障害を前向きに受け止められれば、それぞれのライフステージからのライフプランにつなげることができます。

　身体障害児・者には身体障害者手帳、知的障害児・者には療育手帳、精神障害者には精神障害者保健福祉手帳が交付されます。

身体障害者手帳

　身体障害者福祉法第15条によって、身体障害者福祉法施行規則の別表に示された障害の種別と程度（級）に該当する者に、本人の申請にもとづいて都道府県知事、指定都市市長または中核都市市長が交付します。申請は、15歳未満の場合は保護者が代わって行います。障害の種類別に最も重度の1級から7級の等級が定められています。

療育手帳

　厚生事務次官通知「療育手帳制度について」（1973年）によって、児童相談所または知的障害者更生相談所において知的障害であると判定された者に交付されます。各都道府県知事は療育手帳制度の実施要綱（目的、対象者、障害の程度などを示したもの）を定めています。通知の交付基準は、障害の程度が重度（A）とそれ以外（B）ですが、区分の仕方は自治体によってさまざまです。

　本人またはその保護者が居住地の福祉事務所に申請し、児童相談所などの判定にもとづいて都道府県知事（指定都市市長）より交付されます。

精神障害者保健福祉手帳

　精神保健及び精神障害者福祉に関する法律（精神保健福祉法）の第45条にもとづき、都道府県知事または指定都市市長が交付します。障害等級は、重い順に1級、2級、3級となっています。精神障害者は障害者基本法（第2条）で発達障害を含むとされています。

　また、精神保健福祉法（第5条）では統合失調症、精神作用物質による急性中毒又はその依存症、知的障害、精神病質その他の精神疾患を有する者とされていますが、知的障害者はこの手帳は取得できません。

●障害者手帳を提示することで受けられる各種サービス●

　一部直接税の減額・免除、手当や年金の支給、生活保護の障害者加算、健康保険適用医療費の助成、障害福祉サービスの利用、ハローワークによる障害者求人への応募、電話料金・携帯電話料金の減額または免除、JR・私鉄などの運賃割引、美術館など公共施設の利用料の減額・免除、NHK受信料の減額・免除、など。

　障害者手帳の種類や等級、あるいは各地方自治体によって受けられるサービスはまちまちなので、利用の際は確認が必要です。

第5章

就学までの支援の仕組みと
その実際

　みなさんが先生になったとき、何らかの問題を抱え、特別な支援を必要としているお子さんとかならず出会うことでしょう。そのとき、みなさんは何を考えるでしょうか。まずは対象となる子どもの実態を把握し、子どもの特性に合った支援を考えていくことと思います。さらに、それ以前にどのような支援を受けてきたのか、何が効果的な支援かなど、今までの経過をたどることも重要なのではないでしょうか。

　この章は、K男君の幼稚園入園から卒園までの担任の記録をたどりながら、就学までの支援の仕組みとその実際について概観します。

1 早期発見・早期支援の体制

3歳児1学期「ちょっと気になるK男君」
　入園式翌日、K男は製作コーナーで、真新しいフェルトペンを紙に打ちつけて遊んでいました。フェルトペンの先はささくれてしまいました。担任の「優しく描いてあげてね」という言葉には耳も貸さず、何本も紙に打ちつけている姿がちょっと気になりました。
　その後も、水遊びが好きで夢中になって遊んでいる姿が見られましたが、担任との会話や周囲の友達とのかかわりはほとんどなく、遊びが限定されていました。また、偏食や爪や髪の毛を切りたがらないなど、生活面でも強いこだわりを見せる姿もありました。

> 　母親に対しては、最初のうちはK男の幼稚園での姿を伝えたり、生活習慣に関する協力依頼をしたりしましたが、母親との関係を悪化させないということを最優先し、必要以上にマイナスの情報は伝えないことにしました。

（1）なぜ早期発見・早期支援が重要なのか

　発達障害の子どもたちは、ユニークで豊かな世界をもっているにもかかわらず、発達障害のために引き起こす問題行動だけが目立ち、周囲の無理解や誤解から、「怒られる」「叱られる」「非難される」という場面がどうしても多くなってしまいます。K男君も後に、自閉症という診断を医師から受けますが、この段階では奇異な行動だけが目につきます。

　担任は「特別な配慮が必要な子どもかもしれない」と気づき、対応しようとしています。しかし、「発達障害かもしれない」という「気づき」がない場合、周囲からの叱責や否定的な評価から、自尊感情が育たない状態が長く続き、**二次障害**（不登校、引きこもり、非行、暴力、心身症など）が現れるケースが少なくありません。このような状況を回避するため、早期発見・早期支援が重要になってきます。

　また、乳幼児期は、身体的・生理的・精神的に人間らしさの基礎が培われる重要な時期です。**ハヴィガースト**（Havighurst, R. J.）は、乳幼児期の発達課題を９つ（①歩行の学習、②固形の食物をとることの学習、③話すことの学習、④排泄の仕方を学ぶこと、⑤性の相違を知り性に対する慎みを学ぶこと、⑥生理的安定を得ること、⑦社会や事物についての単純な概念を形成すること、⑧両親や兄弟姉妹や他人と情緒的に結びつくこと、⑨善悪を判断することの学習や良心を発達させること）をあげています（1953/1995）。早期発見・早期支援を受けることで、子どもの個性や弱さを補い、人間らしさの基礎を培うことが可能となります。

　早期発見・早期支援の主な流れを図５－１に示しました。
　先のK男君の記録は、子どもの生活の場での「気づき」の段階です。
　保護者にとっては、発達障害であるとの診断を受けることはデリケートな問題でもありますが、医師による診断を受けることで、公的なサービスが受けられ医学的な介入も可能となり、本人の可能性も広がっていきます。

K男君の場合、保護者との関係を崩さないために、あえて積極的な支援を行わず、タイミングを図りながら支援をしていくことを園全体の共通認識としました。このように、対象児や保護者の状況を考慮しながら支援していくことが重要なのです。

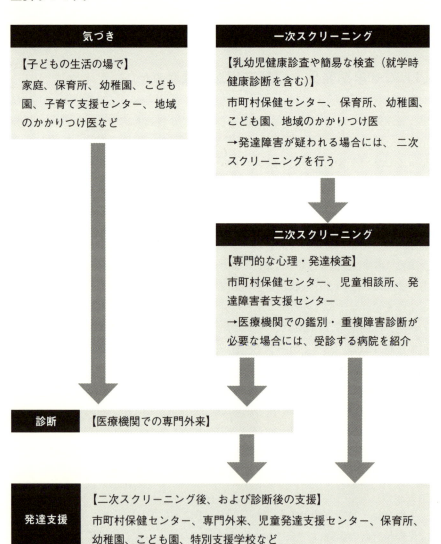

【図5-1】早期発見・早期支援の流れ

筆者作成

2 乳幼児期の発達と障害

4歳児2学期 「他児に受け入れてもらえない言動」
　3歳児クラスの1年間で、K男は幼稚園の一日の生活の流れは身につけましたが、4歳児クラスでは、登園後かならず、出席ノートを母親に見せたあと、保育室と保健室を往復するといった行動のパターン化が見られました。遊びについては、ブロックを持って自分だけの空想の世界で遊んだり、走り回ったりしていることが多く、遊びも限られていました。

　ある日のことです。数人の女の子がままごとコーナーで遊んでいると、K男はアイスクリーム屋さんになってままごとの遊びに入っていました。担任が「楽しそうね。K男君はアイスクリーム、売っているのね」と声をかけると、「オレ様は○○だ」と悪者の名前を言ってポーズをとり、悪者になりきっていろいろな言葉を発しはじめました。突然のK男の変容に、女の子たちは驚いたようでした。

　K男君のような自閉症の子どもは、コミュニケーションを図ることが苦手です。ここでは、主に乳幼児期の社会性の育ちとことばの獲得について述べていきます。

(1) 社会性の発達と遊び

　社会性の育ちについては、母親的人物との信頼関係の確立が、社会性の発達の基盤となります。さらに幼児期になると、幼稚園や保育所などで集団生活を送るうちに他児とのかかわりのなかで社会的スキルを身につけていきます。
　子どもは乳児期より同年代の子どもに対して強い関心を抱き、他児が何をしているかじっと観察したり、同じようなことをしてみたりします。また共通の興味や関心をもつ他児と遊ぶようになり、仲間関係を形成していきます。
　古典的な研究ではありますが、パーテン（Parten, M.）は、仲間との相互作用の形態の変化に着目し、図5-2のような遊びの発達段階を提唱しました。
　ただし子どもを観察してみると、年長児でも絵を描いたりパズルを解いたりするなど、一人で没頭して遊びに取り組むときには、相互作用の形態として単

純な「孤立遊び」が出現します。保育者は、一人で没頭して遊んでいる内容や友達とかかわって遊んでいるかなど、社会性の発達と遊び方を考慮し、一人一人の発達の特性をとらえて支援していきます。

K男君の場合、外から見ていると、一緒に遊んでいるかのように見えますが、一人の世界で遊びを展開していたことがわかります。

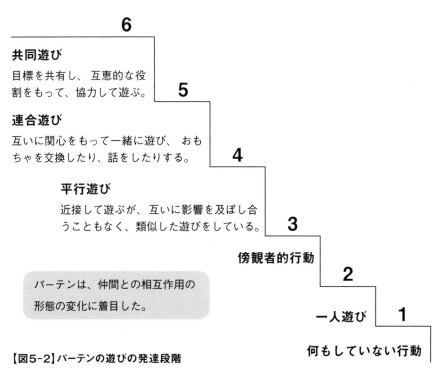

【図5-2】パーテンの遊びの発達段階

出典：渡辺2010をもとに筆者作成

（2）ことばの獲得

初語までの時期に、子どもはコミュニケーションの基礎を固めていきます。初語とは、初めての意味のあることばで、おおむね1歳前後に聞かれるようになります。「マンマ」「ママ」「パパ」など、生活とかかわっている言葉や親しい人物を意味する言葉が多いとされています。

また、コミュニケーションの障害は、乳幼児期のことばの獲得とも密接な関

係があります。生まれて間もないころには泣き声をあげるだけだった子どもも、1歳の誕生日を迎えるころには、意味のあることばを話しはじめ、数年のうちに生活に困らない会話ができるようになります。

初語までの時期を概観すると、以下のようになります

- 産声により、肺呼吸活動を始める。生理的不快時にも同じような泣き声。
- 生後1か月ごろから**クーイング**（「アー」「ウー」など快の状態のときに出す音声）
- 生後3か月ごろ、**喃語**（「ママ…」といったリズムのある音声）
- 生後5～6か月ごろ、反復喃語
- 生後8か月ごろ、**指差し行動**

とくに、生後8か月ごろに見られる「指差し行動」は、「ことばの出る前のことば」ともいわれ、コミュニケーションの基礎となります。

生後8か月を過ぎるころに、多くの子どもは、はいはいができるようになります。興味や関心のあるものに自分から近づくこともできるようになり、子どもは指を差しながら「アウ、アウ」と声を出し、母親的人物に「あれ、見て」「あれはなに？」など何かを訴えようとします。それに対し母親的人物が「ブーブー、走っているね」といった言葉をかけることで、対象物と音声との関係が形成され、ことばが獲得されます。

それ以前は、「自分―相手」または「自分―もの」といった二項関係しかなかったのが、対象を母親的人物と共有しようとする気持ちが生まれ、対象を介して「自分―もの―相手」という三項関係ができあがってきます。この三項関係のコミュニケーションから、コミュニケーションの道具としての機能を備えたことば（初語）が出てくるのです。

K男君も、入園当初は語彙が少なく、一語文が中心でした。コミュニケーションの障害といわれる自閉症の子どもは、三項関係を築くことが難しく、ことばの遅れから障害への気づきにつながっていくことも少なくありません。

社会性の育ちとことばの獲得を中心に述べてきましたが、発達に問題を抱えている子どもは、乳児期に身体発達が良好に見えたとしても、その後、両手を交互に振って歩くことができない、箸が上手に使えないなど、全身運動や手指の操作でのぎこちなさが目立ってきます。

運動発達は生活経験や環境の影響が少なくありません。遅れが障害によるも

のなのかどうかを見極めていくことが、専門家として保育者には求められています。

3 乳幼児健康診査での発見

4歳児3学期　「自転車に乗れた！」
　K男が初めて自転車に乗れた日、担任はK男の自信に満ちあふれた様子、自転車を通して友達との自然なかかわり、日常の活動の広がりなどK男の成長の様子を母親に伝えました。
　成長する時期に来ているので、コミュニケーションが今以上にとれるようになると、さらに世界が広がっていくという可能性を母親に伝え、一人一人の個性に合わせた指導をしてくれる幼児ことばの教室への通級をすすめてみました。
　すると、母親は時々自宅を訪問してくれる保健師から幼児ことばの教室についてはすでに紹介されているとのことでした。発音の不鮮明さも気になるという理由で、幼児ことばの教室通級の手続きを依頼してきました。

　幼稚園でのK男君の肯定的な表れをフィードバックすることで母親も徐々に気持ちを開いてきてくれたようです。それ以前には一度も語られることがなかった保健師の家庭訪問についての話題も出てきました。**乳幼児健康診査（一次スクリーニング）**の支援の対象となっていたということです。
　ここでは、乳幼児健康診査での発見について述べていきます。
　乳幼児健康診査は**母子保健法**第12条に定められており、市町村が実施しています。

（健康診査）
第12条　市町村は、次に掲げる者に対し、厚生労働省令の定めるところにより、健康診査を行わなければならない。
　1　満1歳6か月を超え満2歳に達しない幼児
　2　満3歳を超え満4歳に達しない幼児

厚生労働省の「平成28年度地域保健・健康増進事業報告の概況」によると、幼児の健診の受診率は、1歳6か月児は96.4％、3歳児は95.1％です。

具体的に静岡市の乳幼児健康診査を見てみましょう。

静岡市では、4か月児、10か月児、1歳6か月児、3歳児の健康診査を行っています。4か月児と10か月児は、近くの医療機関に予約をして個別健診を行います。4か月児健診は、子どもに異常がないことの確認、10か月児健診は、子どもをよりよく育てるための健診と位置づけられています。

一方、1歳6か月児と3歳児の健診は、近隣の保健福祉センターで集団健診を行います。スタッフは、小児科医、歯科医師、心理相談員、保健師、看護師、栄養士、歯科衛生士で構成されています。

健診内容は、問診、歯科（医師）健診、身長・体重などの計測、内科（医師）健診、保健指導、栄養指導、歯科指導です。3歳児健診では尿検査と視力（屈折）検査も実施されます。

乳幼児健診は、時代によりその役割が変化してきています。1950～60年代の栄養の改善から始まり、脳性まひの早期発見、育児不安など、現在は発達障害や虐待の早期発見・支援が重要な役割となってきています。

発達のチェック項目は、次のとおりです。

【表5-1】乳幼児健康診査

4か月児健診	首の座り、追視、あやし笑い
10か月児健診	指先の発達（積み木を持つ）、対人関係（周囲への関心、模倣の有無）、立位の準備（パラシュート反応*）
1歳6か月児健診	単語の数（5つ）、積み木を積む、指差し、三項関係、歩行の完成
3歳児健診	視聴覚検査、言葉「お名前は？」「お年は？」、視線が合うか、落ち着かず動き回らないか

＊乳幼児の反射。両脇を支えたまま水平に体を保ち、急激に頭を前方に下げると四肢を伸展させる反射。生後8～9か月から出現する。

出典：秋山2014を一部改変

1歳6か月や3歳で発見できなかった発達障害の相談の場として、5歳児健診を行う自治体も出てきました。幼稚園や保育所など集団生活の場で対人関係やコミュニケーションに課題がある子に対しての、支援や就学前の準備の貴重な場となることと思います。

4 幼稚園・保育所での発見と支援

　幼稚園教育要領の「第1章－第1　幼稚園教育の基本」では、幼児の発達について、「心身の諸側面が相互に関連し合い、多様な経過をたどって成し遂げられていくものであること、また、幼児の生活経験がそれぞれ異なることなどを考慮して、幼児一人一人の特性に応じ、発達の課題に即した指導を行うようにすること」と述べられており、障害の有無にかかわらず、一人一人の子どもに応じた指導が基本となります。また、『**保育所保育指針**解説』(厚生労働省, 2018) では、障害のある子どもの理解と保育の展開について、次のように解説されています。

　一人一人の障害や発達上の課題は様々であり、その状態も多様であることから、保育士等は、子どもが発達してきた過程や心身の状態を把握するとともに、保育所の生活の中で考えられる育ちや困難の状態を理解することが大切である。そして、子どもとの関わりにおいては、個に応じた関わりと集団の中の一員としての関わりの両面を大事にしながら、職員相互の連携の下、組織的かつ計画的に保育を展開するよう留意する。

　つまり、「個に応じた関わりと集団の中の一員としての両面」について支援をしていく必要があるのです。支援の視点は、「本児に対する支援」「クラス集団に対する支援」「物的環境の調整」「保護者に対する支援」の4つの視点からスモールステップで支援をしていきます。「保護者に対する支援」は、次節に譲り、ここでは4歳児クラスの後半から就学に向けて、K男君の担任がどのような方針にもとづき支援をしたのかをみてみましょう。

本児に対する支援
4歳児3学期：遊びに関しては、「好きな遊びを見つけ、十分に遊び込む」を目標に、K男の興味のある遊びに担任が積極的にかかわる。また、K男が興味をもちそうな教材を用意し提案する。生活習慣に関しては、「箸を使って食べる」「座って食べる」を目標に、ていねいにかかわった。

5歳児：「友達とかかわる中での楽しさを感じる」「遊びのなかでのルールを守ろうとする」を目標に、成功の機会を与え、自己決定の機会を設けながら、意欲と自信を高めていけるような支援を試みた。

クラス集団に対する支援
4歳児3学期：他児からの評価を下げないために、集団での活動のとき、「注意して参加を促すのではなく、K男の要求を取り入れるなどして参加を促していく。他児に迷惑をかけるようなときにはTT（チームティーチング）を積極的に活用し、別の場所で別な活動を与える」という支援方針を立てた。

5歳児：K男のよさを保育者が認め、クラスの子どもたちに伝えながら、K男を核とした学級経営を行うことを目標とした。

物的環境の調整
4歳児3学期：興奮状態のときには、一人で落ち着く場を設けることも有効なのではないかと考え、遮蔽された空間を準備し、一人で落ち着いて活動ができるように計画した。

5歳児：興奮したときには、職員室の片隅（リソースコーナー）に行くという習慣ができていたので、「じっくり取り組みたい活動があるときにも、そのコーナーを積極的に利用していく」「視覚に訴える表示、先の見通しがわかりやすい表示を心がけることで、K男の不安を取り除いていく」という支援方針を立てた。

K男君は4歳児の3学期より、母親の了解のもと園内での支援に加え、一人一人の子どもに対応した専門的な支援を行ってくれる**幼児ことばの教室**に通級することとなりました。

　「幼児ことばの教室」とは、言語発達の遅れや吃音、構音に障害のある幼児を対象とした相談支援機関で、子どもたちは幼稚園や保育所に在園しながら、週に1回程度、通って指導を受けます。

　通級する子どもの障害種別は、言語発達遅滞が最も多いのですが、そのなかには「自閉症やアスペルガー症候群などの広汎性発達障害の診断名がついたり、その疑いが強かったりする幼児が、3歳児で32.9％、4歳児で35.9％、5歳児で41.8％存在している」(大塚, 2011)といわれています。

5 就学に向けての支援

　ここでは「保護者に対する支援」を中心に述べていきます。

　K男君の場合、「幼児ことばの教室」通級以降の主な保護者支援は図5-3のようになりました。

　3歳児クラスでは、保護者との関係の悪化を避けるため、積極的な支援をほとんど行いませんでした。保護者が担任と同じ方向を向かないかぎり支援をすることは難しいからです。しかし、K男君が自転車に乗れるようになったことをきっかけに保護者の気持ちは変化していきました。子どもの肯定的な表れを担任がフィードバックすることで、保護者との信頼関係を築いていくことができたのです。

　その後は、医療機関への受診、特別支援学級の見学など幼稚園や保育所では、園全体で考えながら他機関との連携を図っていきます。保護者にとっては、子どもの状態について「なんとなくわかっていた」にしても、医療機関での診断はつらいものです。その不安な心情を担任だけでなく園全体で理解しながら、子どものよりよい進路を保護者とともに考えていきます。

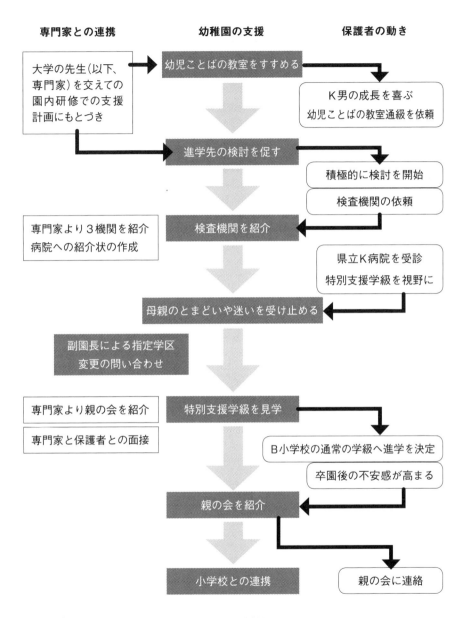

【図5-3】障害のある子どもの保護者に対する支援例

出典：田宮・大塚 2005を一部改変

K男君の場合、学校を参観したうえで、特別支援学級がある学区外の学校の通常の学級に進学することとなりました。進学先の学校からは、教務主任と特別支援学級の担任が幼稚園に来園し、K男君の遊びと生活を参観してくれました。このような支援が保護者に多くの人に支えられているという安心感を抱かせ、就学に向けての前向きな気持ちを醸成していきます。

【引用・参考文献】

秋山千枝子「乳幼児健診をめぐる新しい動き」『母子保健』2014年6月号、公益財団法人母子衛生研究会、pp. 1-3

Havighurst, R. J., "Human Development and Education", Longmans, Green & Co., INC., 1953　荘司雅子（監訳）『人間の発達課題と教育』玉川大学出版会、1995年

茨城県保健福祉部障害福祉課「発達障害者地域支援マニュアル」2007年

厚生労働省「平成28年度地域保健・健康増進事業報告の概況」2018年

厚生労働省『保育所保育指針解説』フレーベル館、2018年

厚生労働省「乳幼児健康診査に係る発達障害のスクリーニングと早期支援に関する研究成果～関連法規と最近の厚生労働科学研究等より～」2009年

文部科学省『幼稚園教育要領解説』フレーベル館、2018年

大塚玲「「幼児ことばの教室」における課題」『LD研究』20（1）、2011年、pp. 27-29

田宮縁『体験する・調べる・考える　領域「人間関係」』萌文書林、2013年

田宮縁・大塚玲「軽度発達障害児の就学にむけての保護者への支援──S大学教育学部附属幼稚園の実践を通して」『保育学研究』43（2）、2005年、pp. 223-232

田宮縁・大塚玲「広汎性発達障害が疑われる幼児に対する幼稚園での支援について」『静岡大学教育実践総合センター紀要』10、2004年、pp. 85-96

渡辺弥生「第8章　人と人とがつながるには」川島一夫・渡辺弥生編『図で理解する　発達──新しい発達心理学への招待』福村出版、2010年、pp. 108-120

COLUMN

遠城寺式乳幼児分析的発達検査法

　子どもの発達の速さは、一人一人によって違いがあります。違いとは標準の発達との違いですが、その発達の違いを客観的に理解するものが発達検査です。乳幼児期によく使われる検査として「乳幼児精神発達質問紙」、「新版K式発達検査」があります。ここでは、簡便で一次スクリーニングに使用されることが多い「遠城寺式乳幼児分析的発達検査法」を紹介します。

　本検査法は1958（昭和33）年、九州大学の遠城寺宗徳教授によって発表されたもので、適用年齢は0歳～4歳7か月です。検査は「移動運動」「手の運動」「基本的習慣」「対人関係」「発語」「言語理解」の6領域からなり、精神面のみでなく身体的発達も含めて乳幼児発達の傾向を全体的に分析しとらえようとしている点が特徴です。

　また、日常生活場面で観察される年齢特異性の高い問題が選ばれているため簡便で時間がかからず、特別な器具や技能を必要としません。検査者は観察したり、実際に行動させたり、問いかけたりし判断させたりしていきますが、保護者からの口頭による答えからの聞き取りも可能です。

　結果は、各点を結ぶと発達のプロフィール（折れ線グラフ）が示されます。描かれた線が直線に近ければ、バランスのとれた発達。凹凸があれば、不均衡な発達を疑う必要があります。また、合格した項目の次の項目が子どもの課題となります。発達の道筋が示されていると、とらえることも可能です。

ウェブサイトの活用案内

文部科学省
http://www.mext.go.jp/ ⇒教育⇒特別支援教育
文部科学省は、わが国の教育行政の監督官庁である。「特別支援教育」のページには、資料として法令、通知、答申、報告書などが集められている。

内閣府
http://www.cao.go.jp ⇒内閣府の政策⇒共生社会⇒障害者施策
内閣府は、障害者施策に関する企画・立案や基本的な計画を定め、関係省庁などと連携し、さまざまな施策を総合的に実施している。「障害者施策」ページには、障害者基本法の条文、障害者基本計画の概要・進捗状況、「障害者白書」などが掲載されている。

厚生労働省
http://www.mhlw.go.jp/ ⇒福祉・介護⇒障害者福祉
厚生労働省は障害のある人も地域の一員として、ともに生きる社会づくりをめざし、障害保健福祉施策を推進している。「障害者福祉」ページに施策情報や法令・通知検索、統計情報、各種障害者福祉関連資料（WAMNET）などを掲載。

政府広報オンライン
https://www.gov-online.go.jp/ ⇒障害のある方⇒障害者支援関連リンク集
内閣府大臣官房政府広報室が作成・管理しているサイト。「障害者支援関連リンク集」のページには、障害者に関係する、暮らしに役立つ情報や政府インターネットテレビへのリンクなどが掲載されている。

e-Gov法令検索
http://elaws.e-gov.go.jp/
総務省行政管理局が作成・管理しているサイトで、法令（憲法・法律・政令・勅令・府令・省令）の最新の内容を検索できる。

国立特別支援教育総合研究所
http://nc.nise.go.jp/
文部科学省所管の独立行政法人で、わが国唯一の特別支援教育に関するナショナルセンター。サイトには障害種ごとの特別支援教育情報一覧、教育支援機器等展示室（iライブラリー）、各種の研究成果・刊行物などが掲載されている。

発達障害情報・支援センター
http://www.rehab.go.jp/ddis/
発達障害に気づくための基本的な情報、発達障害の特性や生活場面での対応、発達障害者を支える制度・施策、相談窓口の情報などが掲載されている。

第Ⅱ部

特別な教育的支援を必要とする子どもの理解と支援

第6章

注意欠陥多動性障害の理解と支援

1　A君のケース

　A君は小学校2年生。窓際の一番前の席に座っている小柄な男の子です。
　授業が始まってしばらくは手足をもぞもぞさせたり、身体をくねくねさせたりしながらも先生の説明を聞いていましたが、10分くらい経つとハサミを取り出し、消しゴムを切り刻みはじめました。

　数分後…、突然先生の質問に反応し、「はい、はい」と大きな声を出し、元気よく手をあげました。ほかの子が指名されてもおかまいなし。A君は座ったまま勝手に発言します。先生は取り立てて注意もせず質問を続けますが、A君が「はい、はい」とことさら声を張り上げるので、先生は仕方なくA君を指名してしまうのでした。

　A君は短い時間の学習で、やることがはっきりわかっているときや自分に関心のあることには集中して取り組むことができます。そんなときは、先生が話している内容をしっかり理解しているし、指名されるときちんと答えることもできます。しかし、

その集中は長くは続きません。そうなると、イスに座っていても授業と関係ないことをしたり、立ち歩いたりします。先生にそれを注意されて、教室から飛び出していくこともたびたびでした。

休み時間は元気で活発なA君ですが、友達とのトラブルもしょっちゅうあります。順番が待てないのでそのたびもめる。他人の会話や遊びに無理やり割り込み、注意されると、入れてくれないと怒り出し、邪魔をしはじめる。自分のやり方に固執し、まわりの意見を聞こうとしない。注意されると、大声を張り上げて相手をたたいたり、蹴飛ばしたりします。

担任の先生はA君にどのように接していけばいいのか、途方に暮れていました。初めのうちはそのつど注意していたのですが、いっこうによくなる気配がありません。それどころか困った行動はどんどんひどくなってきたような気がします。最近はできるだけ彼の気持ちを汲んで好きなようにさせていましたが、今度はまわりの子どもたちから不満の声があがってきたのです。

2 注意欠陥多動性障害とは

(1) 注意欠陥多動性障害の概念と支援の変遷

注意欠陥多動性障害（Attention-Deficit/Hyperactivity Disorder：**ADHD**）とは、不注意と多動、衝動性を特徴とする**発達障害**です。このような症状を示す子どもたちが存在することは古くから知られていました。初めて医学の立場から報告したのは1902年、イギリスの小児科医スティル（Still, G. F.）です。スティルは20名の愚かな行動を繰り返す感情的な子どもを分析し、「道徳的統制の異常な欠如」と命名しました。

その後、このような症状は微細な脳の損傷によって起こるのではないかと考えられるようになり、1960年代には**微細脳機能障害**（Minimal Brain Dysfunction：MBD）と呼ばれました。しかし、MBD概念はあまりにも多くの症状を含んでいたため、「診断のくずかご」といった批判を受け、それに代わって多動や注意の障害といった症状にもとづく名称が用いられるようになりました。

まず1968年、アメリカ精神医学会によるDSM-Ⅱ（診断統計マニュアル第2版）で、児童期の多動性反応（Hyperkinetic Reaction of Childhood）という診断名が採用されました。その後、DSM-Ⅲ（1980年）で注意欠陥障害（Attention Deficit Disorder with Hyperactivity）、DSM-Ⅲ-R（1987年）で注意欠陥・多動障害（Attention-Deficit Hyperactivity Disorder）、DSM-Ⅳ（1994年）で注意欠陥／多動性障害（Attention-Deficit/Hyperactivity Disorder）という診断名に引き継がれていったのです。

日本においてADHDが社会的な注目を集めるようになったのは、1990年代後半です。新聞やテレビなどのメディアを通し、キレる子どもや学級崩壊といった文脈のなかでしばしばADHDが取り上げられました。このころより、多動や衝動性を主訴として医療機関を受診する子どもたちが急増し、学校現場でもADHDへの関心が急激に高まっていったのです。

このような社会的な背景もあり、2000（平成12）年6月に発足した文部科学省の「21世紀の特殊教育の在り方に関する調査研究協力者会議」では、**学習障害（LD）**や**高機能自閉症**と並んで、それまで特殊教育の対象とされてなかったADHDが取り上げられ、その教育的対応が議論されました。

その後、2001（平成13）年10月から開始された「特別支援教育の在り方に関する調査研究協力者会議」などの検討を経て、2006（平成18）年4月からADHDはLDとともに、新たに**通級による指導**の対象となりました。2007（平成19）年4月からは特別支援教育が開始され、小・中学校などにおいてLDやADHDなどを含む障害のある児童生徒に対して適切な教育を行うことの規定が学校教育法に位置づけられたのです。

【表6-1】文部科学省によるADHDの定義

> ADHDとは、年齢あるいは発達に不釣り合いな注意力、及び／又は衝動性、多動性を特徴とする行動の障害で、社会的な活動や学業の機能に支障をきたすものである。
>
> また、7歳以前に現れ、その状態が継続し、中枢神経系に何らかの要因による機能不全があると推定される。

出典：文部科学省 2003

（2）診断基準

　ADHDは、脳の機能不全によって生じるものです。しかし、CTスキャン（コンピュータ断層撮影）やMRI（磁気共鳴画像診断法）などの脳の画像診断法でもADHDすべてに共通する特徴は認められず、診断を下すための客観的検査法はいまだ確立されていません。そのため、医師が学校や家庭での行動上の特徴や発達状況、生育歴などを保護者から聴取することで診断が始まります。

　その際、日本の医師が診断基準として用いているのが、アメリカ精神医学会による「精神疾患の診断・統計マニュアル（DSM-5）」です。DSM-5では、「不注意」および「多動性－衝動性」の各9項目ずつの症状リストのうち、少なくとも一方が6項目以上（17歳以上は5項目以上）該当し、そうした症状が12歳になる前から6か月以上持続して、家庭と学校（または職場）など2つ以上の状況でみられる場合にADHDが疑われます。

　ただし、不注意や多動、衝動性といった行動を示す子どもたちのなかには、ADHDとは別の原因や疾患によって同じような症状を示すこともあるので注意が必要です。たとえば、**自閉症**のなかには多動で不注意な症状を示すケースがあります。また、**虐待**のような劣悪な養育環境で育てられた子どもは落ち着きがなく衝動性が強く、不注意な行動が目立ち、ADHDと区別することがとても困難になります。

　なお、DSM-5では、ADHDの日本語の表記は**注意欠如・多動症**となりました。そのため、病院での診断名など医学の領域では注意欠如・多動症という名称が使用されます。しかし、**発達障害者支援法**などの法律や、文部科学省の答申や通知などの行政上の文面では、注意欠陥多動性障害と記載されています。そこで、本書でもADHDの日本語の表記として注意欠陥多動性障害を用いています。

（3）有病率と男女比

　ADHDの有病率は、子どもの約5％、成人の約2.5％で、男女比は小児期で2対1、成人期では1.6対1で男性に多いといわれています。女性は男性よりも、主に不注意の特徴を示す傾向があるといわれています（American Psychiatric Association, 2013）。

（4）原因論

　ADHDは、遺伝的要因と環境的要因の相互作用によって生じると考えられ

ています。環境要因とは、親の育て方などの養育環境だけでなく、子宮内での生育環境など、外的環境からのすべての要因を含みます。そうした要因として、胎児期に母親から受ける薬物乱用やアルコール、喫煙などの可能性が指摘されています。

　ADHDは、脳内の神経細胞のあいだで情報を伝える役割を果たしているドパミンやノルアドレナリンなどの神経伝達物質が十分機能していないと考えられています。神経細胞間の情報のやりとりが行われるシナプスには、神経伝達物質を放出するシナプス前細胞と受容するシナプス後細胞があります。シナプス前細胞にも神経伝達物質を回収する機能をもつトランスポーターがあります。

　ADHDでは、ドパミントランスポーターの遺伝子の変異により、ドパミントランスポーターが過剰に存在する、あるいは再吸収の効率の良いドパミントランスポーターが存在することで、ドパミンが放出されても、ドパミン受容体に結合する前に再吸収され、本来のドパミンによる情報伝達が阻害されると考えられています（田中,2006）。

　また脳画像研究からは、脳の前頭前野や小脳などの形態的、機能的異常とADHDの症状との関連性が指摘されています。

3　特性とその理解

　ADHDは成長に伴い、環境との相互作用のなかで状態像が変化していきます。適切な指導や支援を行うためには、ライフサイクルにおける症状の変化と発達課題について理解を深めることが大切になります。

（1）乳幼児期

　ADHDの症状が目立ってくるのは、通常2～4歳ごろといわれています（渡部,2010）。乳児期からめまぐるしく動き回り、よく泣き、かんしゃくを起こす子どもがいる一方で、おとなしく手のかからない子どももいます。

　しかし、いずれの場合も歩きはじめるようになると、急に動きが激しくなり目が離せなくなります。始語の遅れや語彙が少ない、発音が不明瞭といった言語発達の遅れがみられることもあります。

　幼稚園や保育所に入園し、集団生活を送るようになると、「落ち着きがない」とか「危なくて目が離せない」などといわれるだけでなく、集団に入れな

いとか友達といっしょに遊べない、すぐにかんしゃくを起こすといった行動が問題にされることもあります。また、ハサミがうまく使えなかったり、三輪車がこげなかったりと、不器用さや**協調運動**の困難が目立つケースもあります。

（2）学童期

　学校はADHDの子どもの困難さが顕在化する場所です。不注意や多動、衝動性の問題は、小学校低学年で最も顕著になります。じっといすに座っていることができず、もぞもぞと身体を動かしたり、授業中無断で席を立って歩き回ったり、時には教室から飛び出してしまったりします。指されてもいないのに勝手に発言したり、授業に飽きてほかの子にちょっかいを出したりすることもあります。整理整頓が不得意で、忘れ物や紛失物が多いのもADHDの子どもの特徴です。

　学童期では、「落ち着きのなさ」に加えて「興奮・乱暴」「対人関係の問題」がみられるようになります（篠山・原田, 2007）。ちょっとしたことでカッとなりすぐに手が出たり、遊びのルールに従えず、順番を待てなかったりするので、クラスの仲間とのトラブルが頻発します。

　小学校高学年になると学習の遅れが目立ってくる子どもが出てきます。集中困難による学業不振に加え、読み・書き・算数などに特異的な困難を示す学習障害を重複している子どもも少なくないのです。学業成績の悪さのため、ますます学習への取り組みの意欲が低下してしまうこともあります。

　自分がほかの子どもより劣っている、教員や仲間によく思われていないことを認識するようになり、「自分は何をやっても叱られる」などと自己肯定感が低くなり、登校を渋ったり、教員に対する反抗が目立つようになるのもこのころからです。

（3）思春期

　多動は小学校高学年ごろからおさまってきますが、注意力の問題はあまり変化しないといわれています。

　思春期になるとADHDの症状自体は軽減してきますが、アイデンティティ、友人関係、異性交友、肉体的成長などが直面すべき新たな問題として浮上してきます（篠山・原田, 2007）。

　劣等感や孤立感がつのり、わざと他人をいらだたせたり、規則を破って教員に反抗したりする行動が目立つようになり、深刻な場合は暴力的な行動や盗み

などの非行に至るケースも出てきます。逆に自己評価が低く抑うつ的になり、不登校やひきこもり状態になることもあります。

(4) 青年期・成人期

　成人期はある程度選択の余地ができ、自分の苦手なことや不向きな作業・仕事を避けることができます。しかし、成人になれば職場や家族との人間関係、仕事や地域、家庭などにおけるさまざまな社会的要請などに対処していかなければなりません。成人期におけるADHDの影響は深刻で、公私にわたって頻繁にトラブルが起こってきます。

　成人になると、経験による学習効果と行動コントロールで多動はかなり抑えられようになりますが、早口やおしゃべりなどや手足をそわそわ動かすなどの落ち着きのなさは残っています（篠山・原田, 2007）。衝動性も目立たなくはなりますが、頭に浮かんだことをすぐに口に出してしまい、それがもとでトラブルになることが少なくありません。

　集中困難や不注意の問題は成人になってもなくなりません。約束を忘れる、大事な物をなくす、計画的に仕事がこなせない、さらには気分のむらが多い、上司に相談もせずに重要な案件を勝手に決めてしまうなど、職場でのトラブルも少なくないのです。

4　担任としての支援や配慮

(1) 教室での支援

　ADHDの子どもへの対応の基本は、不適切な行動を起こしにくい環境を用意することと、望ましい行動をできるだけ増やすための工夫です。そのことが情緒的な安定を図り、二次障害を予防することにもつながるのです。

> 環境調整

　ここでの環境調整には、教室の物理的な環境だけでなく、ADHDの子どもを取り巻く人たち、とりわけ保護者や教員、そしてクラスの子どもたちによる対応も含まれることに注意してください。

〈教室環境の調整〉

　黒板の周囲の掲示物を減らしたりするなど、子どもの注意を逸らす恐れのある教室内の余計な刺激をできるだけ少なくします。席はできれば教員の目が届きやすい前列の端がいいでしょう。またその子どもの隣や後ろの席にどのような子どもを配置するかも大切です。

〈授業のなかで心がけること〉

　子どもの注意がどの程度の時間持続できるか、活動や教科によって注意集中が持続できたり、短かったりするなどの違いがあるかなどを把握しておくことが大切です。そのうえで、こまめに言葉をかけたり、やっていることを確認したりして、注意を引き戻すような工夫をしたり、課題を細かく分割して注意が持続できるような工夫をします。プリントを配る係やノートを集める係をさせて、自然な形で授業中立ち歩いてもよいような方法も有効でしょう。

　教示や指示はできるだけ単純で明快なものにします。前置きが長かったり、一度に複数の指示を出されると、忘れたり、混乱したりします。クラス全体に指示したあとで個別的に指示をしたり、指示された内容を忘れないように黒板に書くなどの視覚的な手がかりを残しておいたりする配慮も大切です。

〈ほめることと認めること〉

　ADHDの子どもは活発で人懐っこい、感情が豊かといった長所もあるのですが、それよりも短所やトラブルがずっと目立つため、注意されたり叱られたりすることのほうが圧倒的に多くなります。そこで、教員はその子がほめられたり、同級生に良い面を認めてもらえたりするような機会を意図的に設定する必要があります。

　また、注意したり叱ったりする場合でも、不適切な行動を一つ一つ取り上げて注意するのではなく、まわりに迷惑をかけない行動であれば、ある程度までは大目にみるといった寛容さも必要です。

　それは好き放題にふるまうことを許すということではありません。集団生活を送るためには規則やルールを守らなければならないことを認識させ、して良いことと悪いことの一貫した基準をはっきりと伝えておくことは大切です。声を張り上げて叱ったり、ガミガミと説教するのはかえって逆効果になります。低く落ち着いた声で手短に注意し、適切な行動を具体的に教えるような対応を心がけましょう。

第6章　注意欠陥多動性障害の理解と支援

> 望ましい行動を増やすための工夫

　望ましい行動を増やし、できるだけ多くの成功体験を積み、自己肯定感を高めるための工夫が大切です。有効な方法の一つに**トークン・エコノミー**があります。これは「チャレンジカード」とか「がんばりカード」といった名称で、小学校などでよく活用されている方法です。シールやスタンプなどを使い、それが一定の数集まれば何らかの報酬と交換できる手続きです。具体的には次のように行います。

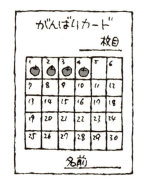

子どもと一緒にいくつか目標を考える。目標が具体的であることと、あまり無理せずに達成できる目標を少なくとも1つは入れておくことが大切。

⬇

決めた目標を達成できたかどうか、できれば毎日子どもといっしょに確認し、できたらシールを貼っていく。シールなどのように達成できたことが目で確認できることも重要です。

⬇

保護者に協力してもらい、シールが何枚か貯まったらごほうびがもらえるといったことも、あらかじめ取り決めておく。

　トークン・エコノミーの主眼は子どもの動機づけを高めることにあります。しかしそれだけではなく、この方法を続けることで子どもは自分の行動を客観的に評価できるようになります。また教員も子どもとその日の出来事などを話し合っていくなかで、子どもの行動の意味がより深く理解できるようになるのです。

（2）保護者との連携

　ADHDの子どもの保護者は、子どもが小さいころから「しつけのできない親」という目で周囲から見られ、そのことへの憤りや落胆をずいぶんと経験してきています。自分なりにがんばってこんなにも手のかかる子を育ててきたのに、その努力を理解してくれる人はほとんどいない、という思いをもっていることもあります。そしてその怒りが、思いどおりにならないわが子へ向けられ、かえって子どもの問題行動を助長し、悪循環に陥っていることも少なくありません。

担任として、そうした事情や保護者の心情を察することなく、学校でのトラブルを家庭でのしつけや保護者の愛情不足、本人の性格の問題とみなした場合、問題がかえってこじれていくことになります。

保護者との良好な関係を築き、信頼を高めるためには、まずは子どものできていることを認め、担任として配慮していることや支援の工夫を伝えることが大切になります。そのうえで、家庭であまり無理なくできることは何か、お互いに知恵を出し合っていくことが重要です。

5　特別な場での指導

ADHDの子どもに対する通級による指導は、自己の感情や欲求をコントロールする力を高めること、自己評価や学習意欲を高めることが主な目標となります。加えて、対人関係にかかわる困難を克服するためにソーシャルスキルやコミュニケーション能力を高めることも重要な目標となります。実際の指導では、個別指導とグループ指導を適切に組み合わせて行われます。

個別指導では、子どもの認知特性に応じた課題を設定します。重要なことは教員と子どもが一対一の落ち着いた環境のなかで子どものペースに合わせて取り組むことにより、学習に対する苦手意識を克服し、意欲を高めていくことにあります。

グループ活動では、集団参加や対人面での課題を取り上げ、場の状況に応じた望ましい態度や行動を身につけることを学びます。また、仲間と助け合ったり、励まし合ったり、達成感を共有する喜びを経験することも大切です。

6　専門機関との連携

(1) 医療機関

ADHDの子どもへの教育的対応の効果をあげるためにも、学校と医療機関との連携は欠かせません。たとえば、不注意や多動性、衝動性によってもたらされる不適応のレベルが高く、学校と家庭で可能なかぎりの対応を工夫しても症状が改善せず、不適切な行動や学習上の問題が増加しつづけた場合、医療機関では**薬物療法**の導入が検討されます。

ただし、ADHDの薬物療法は根本的治療を目的としたものではありません。薬の力を借りてADHDの症状を抑え、行動をコントロールしやすくする、あくまでも対症療法にすぎません。薬物によって集中力が高まっているあいだに、適切な行動を形成したり、学習を積み上げていったりするためのものです。したがって薬物療法には環境調整や教育的支援を組み合わせることが不可欠です。そのためには学校や家庭と医療機関が連携し、情報を共有していくことが重要になります。

（2）その他の専門家や組織との連携

ADHDの子どもには、年齢とともに生じてくる新たな問題や課題に合わせた支援をそのつど行うことが不可欠です。学校は医療機関だけでなく、専門家チームや巡回相談員、スクールカウンセラーなどさまざまな専門家や発達障害者支援センターなどの専門機関とのつながりをもっておく必要があります。

また、保護者は同じような悩みや経験をもつ家族と話をしたり、一緒に活動する場を得ることで、子どもとの向き合い方を変えたり、子どもの将来に見通しをもつことができるようになることがあります。地域の親の会がそのような役割を果たしていることも少なくありません。学校や担任はそうした情報をもっていることも大切です。

【引用・参考文献】

American Psychiatric Association, "Diagnostic and statistical manual of mental disorders Fifth edition:Dsm-5" American Psychiatric Publishing, 2013
篠山大明・原田謙「AD/HDの症状の変遷と治療」『臨床精神医学』36（5）、アークメディア、2007年、pp.597-602
田中康雄「ADHDの明日を信じて」『そだちの科学』6、日本評論社、2006年、pp.2-9
特別支援教育の在り方に関する調査研究協力者会議「ADHD及び高機能自閉症の定義と判断基準（試案）等」『今後の特別支援教育の在り方について（最終報告）』文部科学省、2003年
上林靖子「心理社会的介入とペアレント・トレーニング」『臨床精神医学』37（2）、アークメディア、2008年、pp.175-180
渡部京太「ADHDの疫学と長期予後」『精神科治療学』25（6）、星和書店、2010年、pp.727-734

COLUMN

ADHDの治療薬

　現在（2018年11月）、日本でADHDの治療薬として認可されているのは、コンサータ（一般名：メチルフェニデート塩酸塩）とストラテラ（一般名：アトモキセチン塩酸塩）、インチュニブ（一般名：グアンファシン塩酸塩）の3種類です。

　コンサータは、朝1回服用すると、速やかに効果が現れ、その効果は約12時間持続します。脳内の神経細胞のあいだで情報を伝える役割を果たしている神経伝達物質（ドパミン、ノルアドレナリン）の働きを活性化することによりADHDの症状を改善すると考えられています。

　ストラテラは、ノルアドレナリンの再取り込みを阻害することで効果を発揮する薬です。コンサータとは異なる薬理作用のため、コンサータを使用できなかったり、効果が得られなかった人にも使用できます。効果が現れはじめるのに服用から2〜3週間程度かかり、効果が安定してくるのに6〜8週間程度必要といわれています。ストラテラは朝夕2回服用し、1日を通して途切れることなく効果が持続します。そのため、夜や朝の生活の改善にも効果が期待できます。

　インチュニブは、2017（平成29）年に発売が開始された比較的新しい薬です。ストラテラと同様、1日1回の服用で一日を通して効果が持続します。コンサータやストラテラのいずれでも効果がみられなかった子どもや、副作用が強く出て中止せざるを得なかった子どもにとって、3つ目の選択肢ができたことになります。

第6章　注意欠陥多動性障害の理解と支援

第7章

学習障害の理解と支援

1 B君とCさんのケース

B君（音韻障害にもとづく学習障害）

　B君は、とても元気な小学3年生の男の子です。休み時間は友達と仲良く遊ぶのが大好きで、サッカーなど球技が得意で運動神経も悪くありません。

　ところが、授業になると表情が暗くなります。国語の教科書を音読しようとしても正確に読めず、たどたどしくなってしまいます。頻繁に単語の途中で区切って読んでしまい、次の行を読もうとしても同じ行を読んでしまいます。また、文末を勝手な読み方に変えてしまうことも多いです。

　ひらがなをノートに書くのも苦労の連続です。小学校2年生のときにも左右が反転した状態である**鏡文字**が時々見られました。とくに促音（例「きって」の小さい「っ」）や拗音（例「しょくじ」の小さい「ょ」）を正確に書くことが難しく、漢字は余分な線が1本多かったり、偏と旁が逆になることも多いです。

B君のひらがなの書字（鏡文字になっている）

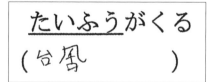
B君の漢字の書字

　授業の内容がわからない時間が増えてきたために、授業中に手遊びをしたり、ノートに落書きをしたりして過ごすことが多くなってきました。また、毎日出される漢

字ドリルの宿題を自力でこなせず、提出できない日が続いてしまい、学習に対する意欲が低下してしまいました。

Cさん（視空間障害にもとづく学習障害）

　Cさんは友達との会話が大好きな小学校6年生の女の子です。授業中は先生の話をしっかりと聞き、質問に対しても的確に答えられます。

　しかし、黒板の文字をノートに書き写そうとすると、一つ一つの文字がマスの中に収まらず、バランスの悪い字体になってしまいます。画数が多い漢字になると、どの線とどの線が交わっているのかわからなくなり困ってしまいます。そのほかにも、形が似ている漢字を学習する際には、注意が必要です。

　算数の授業では筆算で計算をしているうちに、どの数字が百の位で、どの数字が十の位なのかわからなくなってしまい、計算ミスをしてしまいます。図形を扱う単元では、どの線がどの線と交わっているのか、あるいはくっついているのか、ぐにゃぐにゃに見えて困ってしまいます。

　また、小学校の低学年のときには、体育館や図書室から自分の教室に戻れずに学校のなかでも迷子になってしまいました。小学校の高学年になっても地図を見て自分の居場所がわからず、迷子になってしまうことも頻繁にあります。

　このように、B君とCさんは、学習面での困難を示していることは共通していますが、その困難の背景は異なっています。それでは、いったい学習障害とは何なのでしょうか。

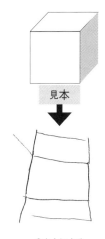

Cさんによる
立方体の模写

2 学習障害とは

　学習障害は、知的発達に遅れがなく、環境的要因が原因でないにもかかわらず、読み、書き、算数などの特定の学習面において著しい困難を示す状態をいいます。学習障害はLDとも呼ばれますが、その定義には**医学的定義**（Learning Disorders）と**教育学的定義**（Learning Disabilities）の2つがあります。

（1）医学的定義

　アメリカ精神医学会（American Psychiatric Association）のDSM-5（表7-1）やWHOのICD-11（表7-2）が医療現場の診断基準として用いられています。学習障害のなかでも、とくに読み書き困難を顕著に示す場合には**発達性読み書き障害**（Developmental Dyslexia）として知られています。

【表7-1】DSM-5

限局性学習症／限局性学習障害	Specific Learning Disorder
読字の障害を伴う	With impairment in reading
書字表出の障害を伴う	With impairment in written expression
算数の障害を伴う	With impairment in mathematics

出典：日本精神神経学会・高橋・大野 2014

【表7-2】ICD-11

発達性学習症	Developmental learning disorder
読字不全を伴う	with impairment in reading
書字表出不全を伴う	with impairment in written expression
算数不全を伴う	with impairment in mathematics
他の特定される学習不全を伴う	with other specified impairment of learning
特定不能	unspecified

出典：日本精神神経学会 2018

（2）教育学的定義

　サミュエル・カーク（Kirk, S., 1962）によって提唱され、アメリカを中心に広まってきました。日本においては1999（平成11）年に当時の文部省（現文部科学省）の「学習障害及びこれに類似する学習上の困難を有する児童生徒の指導方法に関する調査研究協力者会議」によって提出された報告書に定義が記さ

れています。
「学習障害とは、基本的には全般的な知的発達に遅れはないが、聞く、話す、読む、書く、計算する又は推論する能力のうち特定のものの習得と使用に著しい困難を示す様々な状態を指すものである。

学習障害は、その原因として、中枢神経系に何らかの機能障害があると推定されるが、視覚障害、聴覚障害、知的障害、情緒障害などの障害や、環境的な要因が直接の原因となるものではない。」

この報告書における学習面の「著しい困難を示す状態」とは、小学校2・3年生では1学年以上の遅れ、4年生以上または中学生では2学年以上の遅れがみられることとしています。学習面の評価は、チェックリストや読み書きスクリーニング検査、定期試験の結果や授業中の行動観察など、幅広い観点より行われます。

教育学的定義は医学的定義と比べて、定義される範囲に「聞く」「話す」などコミュニケーションに関する領域や「推論する」を含んでおり、対象範囲を広くとらえます。そのため、教育学的定義を広義的定義、医学的定義を狭義的定義と呼びます。本章では教育学的定義にもとづいて話を進めていきます。

3 特性とその理解

(1) 学習困難の背景

学習障害は、知的発達に遅れがないにもかかわらず、特定の学習領域において著しい困難を示すために「なまけている」とか「努力不足」と評価され、対応が遅れてしまいがちです。そのため、教員が学習障害の特性を十分に理解し、早期より適切な支援の必要性を認識しておくことが重要です。

学習障害の症状を理解するうえでウタ・フリス（Frith, U., 1999）のモデルはとても有効です。このモデルでは、障害が発生する要因を生物学的レベル、認知的レベル、行動的レベルの3つの階層レベルに分けて整理します（図7-1）。

学習障害は脳の働きに障害が生じたため（中枢神経系の機能障害）、言語処理や記憶、知覚といった周囲の情報を処理することの困難（特定の情報処理の障害）が生じ、その結果、聞く、話す、読む、書く、計算する、推論するといった領域での困難（基礎的学力の障害）が生じると考えられます。

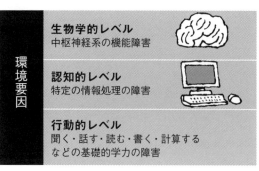

【図7-1】フリスの階層モデル　　　　　出典：Frith 1999にもとづき筆者作成

　このように行動的レベルでの困難が生じるまでには、文化的な背景や使用する言語の属性などの環境的要因が大きく影響します。

　先に紹介したB君とCさんのように、行動的レベルでみられるような学習面の困難さは多様であり、その認知的背景には多くの要素が影響します。B君の場合には、文字から音へ変換する処理や、単語がどのような音から構成されているのかを分析するなどの**音韻処理の弱さ**が学習面の困難に影響しています。一方、Cさんの場合には、図の形や位置を認識するなど**視空間処理の弱さ**が学習面に影響していました。

　このように、学習障害への支援を行うためには、学習面の困難さに影響している認知的背景を明らかにし、理解しておくことがとても大事になります。

（2）学習困難の内容の変化

　学習障害の示す学習上のつまずきの内容は、**学年が上がるにつれて変化**していきます。たとえば、読み書きの領域を例に考えてみましょう。

　小学校低学年より仮名文字を中心とする読み書き指導が始まりますが、学年が上がるにつれて、学習課題は漢字の読み書きや読解に移ります。そして、学習障害のつまずきも、仮名文字の読み書き困難から漢字の読み書き、さらには読解の困難へと変化していきます。そのため、学習面のどの段階でつまずいているのかを注意深く調べ、把握しておくことが重要になります。

　表7-3は、学校現場でみられる学習障害の特徴の一部を示したものです。ここで注意すべき点は、学習障害のある児童生徒が6つの領域すべてにおいて困難を示すわけではなく、つまずきの内容は多様であるということです。学校生活において、このような状態像がみられた場合には積極的な支援が必要です。また、注意欠陥多動性障害や自閉症など、**ほかの発達障害と併存する場合も多**

いため、個々の状態や特性を考慮して支援を行わなければなりません。

　学習障害は知的発達に遅れがないにもかかわらず、特定の学習領域において著しい困難を示すため、できない状態の自分を認識して**学習性無力感**を形成してしまうことが多いです。学習性無力感とは、努力をしても成果に結びつかない経験を繰り返しているうちに、努力をしても無駄であるという考え方に至ってしまう心理状態です。学習性無力感の高まりは不登校や不適応などの二次障害に発展してしまうため、早期の段階で対応することが重要になります。

【表7-3】学校現場でみられる学習障害の特徴的な行動・状態

領域	代表的なチェックポイント
聞く	・個別に言われるとわかるが、集団場面では聞き取れない ・複雑な指示の理解が難しい ・聞き漏らし、聞き間違いがある。
話す	・たどたどしかったり早口だったり、適切な速さで話すことが難しい ・ことばに詰まる ・単語を羅列したり、短い文で内容的に乏しい話をする。
読む	・初めて出てきた語や普段あまり使わない語などを読み間違える ・文中の語句や行を抜かしたり、または繰り返し読んだりする ・読み方がたどたどしく、流暢でない ・文章の要点を正しく読み取ることが難しい
書く	・読みにくい字、鏡文字を書く ・漢字の細かい部分を書き間違える ・独特の筆順で書く ・限られた量の作文や決まったパターンの文章しか書けない
計算する	・簡単な計算を暗算でできない。 ・学年相応の数の意味や表し方についての理解が難しい ・学年相応の文章題を解くのが難しい
推論する	・長さやかさの比較や、量を表す単位を理解することが難しい ・図形の模写や、見取り図、展開図を描くことが難しい

出典：文部科学省 2012

4 担任としての支援や配慮

　学習面のつまずきの多くは就学後に顕在化します。そのため、担任による支援や配慮がとても大切です。担任による支援や配慮を行う際には、授業中の行動観察や提出物、テストの間違え方のチェックなどを通して子どもの実態の把握に努めることが重要です。さらに通級による指導を担当する教員と連携を図ることで、その支援効果は大きくなります。学習障害に対する支援や配慮は、「授業時間内」と「授業時間外」に分けて考えることができます。

（1）授業時間内における支援や配慮

学習形態

チームティーチングによる指導、**特別支援教育支援員**の活用や習熟度別学習の実施があります。これらの支援は複数の教員で実施されるため、教員間で支援方針や配慮事項を共有しておくことが不可欠です。

近年、学習障害を早期に予防するという観点から、**RTI（Response to Intervention/ Instruction）モデル**が注目されています。

RTIモデルは、学習困難を教育上の働きかけ（教育的介入）に対する反応の変化から評価し、少人数指導などの補足的な指導から個別的指導へと、段階的に学習形態を変えていくアプローチです。学習障害の判断よりも前に教育的介入を行うため、早期に支援を実施することが可能になります。

学習内容

個々の認知特性により生じる教科学習や学校生活でみられるつまずきを押さえることが重要です。表7-4は、授業時間内で実施可能と考えられる学習障害への支援や配慮などの具体例を示したものです。

ICTの活用

学習障害にとって、情報通信技術（Information and Communication Technology: ICT）の活用は、学び方の幅を広げ、より効果的な学習を可能とします。近年、タブレットPCの技術進歩と普及により、個々の学習者がタブレットPCを活用できる環境が整いつつあり、音声入力機能、音声読み上げ機能、そしてカメラ機能などを駆使することにより、個々の状態に応じた学習が可能になってきています。教員に対しては、教室の中でICTを用いた学習が受け入れられる雰囲気を整えていくことが求められています。

【表7-4】学習障害への支援・配慮の具体例

領域	教室場面での具体的な支援・配慮の例
聞く	・話の内容に関連するイラストや写真を示しながら話す ・黒板に順を追って指示内容を書く ・指示代名詞をできるだけ使わない ・指示は「短く・はっきり・ゆっくり」話す ・教員の話す連絡事項をタブレットPCなどを使って録音する

話す	・見本になるように、正しい言葉づかいで話しかける ・子どもが話した内容について、そのポイントを整理して確認する ・子どもが話しやすいように、実物や写真、絵などを準備する ・子どもの周囲で起きた出来事を取り上げ、その状況や子どもの気持ちを話せるようにする ・話したい内容に関連した写真をデジタルカメラなどで撮影し、画像を示しながら話させる
読む	（音読する） ・事前に読むところを伝える ・分かち書きをしたり、文節ごとにスラッシュ（／）をつける ・漢字に振り仮名をつける ・教科書の文字を拡大したり、行間を広げたものを準備する ・文字の大きさ、フォント、文字色、背景色などを読みやすいものに変更する ・音声読み上げ機能により、音読にかかる時間、心理的負担を減らす （文の内容を理解する） ・文章の内容に関連したイラストや写真などを示す ・キーワードを丸で囲む ・段落の関係を図で示す ・子どもの興味のあることに関連した題材の文章を取り入れる
書く	（文字を書く） ・漢字を構成する要素を語呂合わせで伝える ・漢字の成り立ちなど、付加的情報を伝える ・手先だけでなく、腕全体を使って書字の学習を行う ・個々の特性に応じて、ノートのマス目の大きさや罫線の幅を調節する （板書を書き写す） ・ワークシートを準備し、書く負担を軽減させる ・タブレットPCのカメラ機能を使って板書を記録し、振り返ることができるノートを作る （作文を書く） ・「いつ」「どこで」「だれが」「何をして」「どうする」などを細かく質問し、書く内容を整理する ・書く内容を付箋に書き、書く順番を付箋の順番を入れ替えさせながら考える ・作文のテーマをあらかじめ伝える ・他者の書いた文を参考に書き加えたり、削除したりなどの推敲をする経験を重ねる ・作文のなかで用いるような気持ちを表すことばなどが使えるように表現方法を伝える ・授業の感想など、文を作成する際にはキーボードで入力させる

計算する	（計算する） ・位取りのマスや縦の補助線を入れ、数字の書く場所を明確にしたり、位取りの数字がずれないようにする ・具体的なものや絵、図を示し、計算の意味を伝える ・筆算では、計算手順を示すカードや九九表などを用意する ・黒板の問題をタブレットPCなどで撮影し、ペン入力機能を活用して計算を解く ・計算機の活用 （文章題を解く） ・文章題の内容をできるだけ子どもの経験した出来事や興味のある題材と関連させる ・文章題を子どもにつくらせ、その問題を解く ・文章題のなかで要点やカギになる言葉に印をつける
推論する	（図形を含む課題に取り組む） ・可能なかぎり言葉での説明を加える ・具体物を用いて説明を行う （位置や空間を把握する） ・空間での位置関係を把握しやすいように目印をつける ・子どもの身体を使って位置関係や方向を確認する

出典：国立特別支援教育総合研究所　2013を一部改変

（2）授業時間外における支援や配慮

「うまく話せないから授業に参加できない」「読めないから授業についていけない」「答えはわかっているのに、書けないからテストに答えられない」というように、特定の学習領域の困難によって教科内容の理解にさらなる困難を引き起こしている事例によく出合います。このように連鎖して生じる新しい学習上の困難を予防するために、補習授業の実施や宿題の工夫など各教科の補充指導が大切です。

ここでの基本的な考え方は、苦手な能力をほかの得意な能力で補完する長所活用型の学習方法を確立させることです。たとえば、「見て覚えるのが苦手な場合には、ことばに置き換えて覚える学習方法を意識させる」などがあります。

文部科学省による全国実態調査（2012）によれば、特別な教育的支援が必要とされている児童生徒に対して「授業時間内に教室内で個別の配慮・支援を行っている」と答えた割合は73.7％であるのに対し、「授業時間外における個別の配慮・支援を行っている」と答えた割合は48.7％であることから、まだまだ十分とはいえません。

学習障害のなかには、宿題の課題設定が高すぎるために宿題をこなすのに夜

遅くまでかかってしまい、睡眠不足のまま授業を受けるケースや、宿題で要求されるハードルが高すぎるために、宿題が家庭学習ではなく、こなすことだけで精いっぱいの作業となっているケースにも出合います。宿題の果たす機能を学習として機能させるためにも、子どもの習熟の程度や特性に応じた工夫が求められます。

5 特別な場での指導

(1) 通級による指導

　学習障害のある児童生徒のなかで、通常の学級での適切な配慮や指導方法の工夫だけでは、その障害の状態の改善が困難であり、特別な指導が必要とされる場合には、通級による指導の対象となります。

　現在、学習障害に対する通級による指導では、障害による学習上または生活上の困難の改善を目的とする「自立活動」とともに、とくに必要があるときは、各教科の内容を取り扱いながら障害に応じた指導を行うことができます。

　学習障害と注意欠陥多動性障害に関しては、短時間でも指導上の効果が期待できることから、個々の状態や程度に合わせて、通常の学級における指導と通級による指導を組み合わせて受けることが可能です。そのため、学級担任と通級による指導の担当教員との連携がますます重要になります。

　学習障害に対する基本的な支援は、**PDCAサイクル**の考え方にもとづき行います。

【図7-2】PDCAサイクル

　PDCAサイクルでは、支援を実施して終わりではなく、修正・改善を図りながら障害の状態や程度に応じて支援を繰り返していきます。その際、個別の指導計画のなかに実態把握や支援目標、通常学級における配慮事項を明記するこ

とで、学習障害に対する系統的で一貫した支援ができます。

実際の学校場面では、**実態把握**、支援方針の検討、そして**支援の実施**までたどりついたものの、その**支援効果の評価**を行うことがなされずに、支援がその場かぎりになっていることがあります。「支援実施後の評価」以降のプロセスを確実に行い、個々の状態に応じた支援を継続的に行っていくことが重要です。

(2) 放課後支援

近年、NPO法人を中心に学習障害を対象とした学習面の支援が行われる地域が増えてきました。どこの地域でもこのようなNPO法人が活動しているわけではありませんが、特別な支援の場として考えられる有効な場所です。

また、学習障害を対象とした取り組みではありませんが、2007（平成19）年度より文部科学省と厚生労働省が連携を図り、「放課後子どもプラン」の一環として「放課後子ども教室」が開催されるようになりました。ここでは大学生や退職教員が「学習アドバイザー」として配置されるなど、放課後における学習支援体制は整いつつあります。

6 専門機関との連携

(1) 医療機関

学習障害は注意欠陥多動性障害や高機能自閉症と併存する場合が多いため、学校と医療機関が連携することで、教育的効果が大きくなります。ただし、学習障害そのものに対する直接的な治療法がないので注意しましょう。

2011（平成23）年度の大学入試センター試験から、発達障害のある受験者に特別措置が認められるようになり、その志願者は年々増えてきています。

2019年度の「大学入試センター試験受験上の配慮案内」によれば、学習障害に関する特別措置の内容として、試験時間の延長（1.3倍）、チェック式の解答、拡大文字問題冊子の配布、注意事項などの文書による伝達、別室の設定、試験室入口までの付添者の同伴があります（大学入試センター，2018）。

特別措置を受けるには、高等学校などで行った配慮（定期試験等の評価における配慮や**個別の指導計画**の作成）の有無に加えて、医師の診断書が必要です。

(2) 発達障害者支援センター

　発達障害者支援センターは、都道府県や政令指定都市に開設されています。主に「相談支援」「発達支援」「就労支援」「普及啓発・研修」の4つの役割を担っています。

　発達障害者支援センターには社会福祉士、臨床心理士、言語聴覚士、医師などが配置されており、発達支援に関連する多くの職種との連携が可能です。教員は学習障害の対応について研修を受けたり、今後の支援方針について障害特性にもとづく助言や相談を受けることができます。

【引用・参考文献】

独立行政法人大学入試センターHP「受験上の配慮案内」https://www.dnc.ac.jp/center/shiken_jouhou/hairyo.html

独立行政法人国立特別支援教育総合研究所編『改訂新版　LD・ADHD・高機能自閉症の子どもの指導ガイド』東洋館出版社、2013

Frith, U., "Paradoxes in the definition of dyslexia" Dyslexia , 5（4）, 1999, pp. 192-214

学習障害及びこれに類似する学習上の困難を有する児童生徒の指導方法に関する調査研究協力者会議「学習障害児に対する指導について（報告）」文部省、1999年

Kirk, S., "Educating exceptional children", Houghton Mifflin, 1962

文部科学省「通常の学級に在籍する発達障害の可能性のある特別な教育支援を必要とする児童生徒に関する調査結果について」2012年

日本精神神経学会「ICD-11 新病名案」2018年、p. 2

日本精神神経学会　日本語版用語監修、髙橋三郎・大野裕（監訳）『DSM－5 精神疾患の診断・統計マニュアル』医学書院、2014年、p. 34（前付）

　　　　　　　ウェブサイトの活用案内

特別支援教育デザイン研究会　特別支援教育のための教材
http://www.e-kokoro.ne.jp/ss/1/
イラストを活用した読み書きのカード教材が作成できるプログラムや、インターネットにつながったパソコンで学習するプログラムなどが利用できる。

NPO法人スマイル・プラネット　認知特性別 スマイル式プレ漢字プリント
https://smileplanet.net/specialty/smilekanji/
漢字の反復学習が苦手な子どもの認知特性に応じた学習プリントが印刷できる。国語の教科書の流れに沿って漢字の読み書き学習ができるようになっている。

COLUMN

ワーキングメモリー

　「いまサイフの中にいくら入っていますか？」。みなさんはこの質問に簡単に答えられますか。このような日常生活の一場面において、ワーキングメモリー（Working memory）が大きく関与しています。日本語では作業記憶や作動記憶と呼ばれています。これは、情報を一時的に心のなかに留めておきながら、その情報にもとづき並行して処理が行われる記憶システムです。

　ワーキングメモリーは、よくテーブルの広さでたとえられます。広いテーブルの上では置けるもの（留めておける情報）が多く、残りのスペースで作業を行うこともできます。しかしながら、狭いテーブルの上では置けるものは少なく、スペースに余裕がないため作業もできません。広いテーブルをもっていることは、課題を解決するうえで有利に働くことが多いのです。

ワーキングメモリーの研究で有名なバドリー（Baddeley, A., 2000）によれば、ワーキングメモリーのなかでも聞いた情報を取り扱うことと見た情報を取り扱うことは独立しており、人によって得手不得手があるようです。聞いた情報を取り扱うことが得意なのか、はたまた見た情報を取り扱うことが得意なのかなど、自分のワーキングメモリーの特徴を知っておくことで今後の学習に役立つかもしれません。

　学習面や行動面に困難を示す子どもには、ワーキングメモリーに弱さを示す事例が数多く報告されています。彼らのワーキングメモリー特性を十分に理解することで、特性に応じた発達支援が可能になると期待されています。

【参考文献】

Baddeley, A., "The episodic buffer: a new component of working memory?", *Trends in Cognitive Sciences*, 4 (11) , Department of Experimental Psychology, University of Bristol, 2000, pp. 417-423

第8章

自閉症の理解と支援

1 D君のケース

　小学校5年生のD君。今朝も昇降口で教頭先生を見つけると駆け寄り、あいさつもそこそこに、教頭先生が何をしていようとおかまいなく、空想の街の話をひとしきりしゃべるのでした。これが最近のD君の朝の日課です。そんなD君を注意するでもなく、にこにこしながら相槌を打ってくれる教頭先生が、D君は大好きでした。

　ほかにもお母さんの同年代のお友達のように、D君のなんだかよくわからない話に相手をしてくれ、D君なりのがんばりを認めてくれる大人が何人かいます。そんな人たちの前ではリラックスできるのですが、クラスの友達の前ではとても緊張しているのです。

　相手に合わせて会話や行動をしたりすることや、その場の空気を読むことが苦手なため、同級生から無視されたり、文句を言われたり、バカにされたりすることがよくあります。時間の見通しをもって行動したり、他人の動きを見て行動したりする

こともうまくできません。
ざわざわしたなかで他人の声を聞き取ることも苦手です。いろんな音が一緒に聞こえてきて、自分に向けられた大事なことを聞き漏らしてしまうのです。そんなとき、せかされたり怒鳴られたりすると、頭の中が真っ白になり、パニック状態になってしまいます。

　D君は悲しかったり怖かったりすると顔がひきつって、心とは裏腹に他人からはニヤニヤしているように見えることがあります。また、本人は真剣に他人の話を聞いているつもりでも姿勢を保てないので、だらしのない立ち方をしているように見えることもあります。D君なりに頑張ってやっているつもりですが、まわりの友達からはまじめにやろうとしてないとか、鈍くさいと思われてしまうのです。
　最近では、夜寝ようとすると、学校であった嫌な出来事がフラッシュバックして寝つかれない日が続いています。

2　自閉症とは

（1）自閉症概念の変遷

　1940年代にアメリカの精神科医レオ・カナー（Leo Kanner）が共通した特徴を示す11名の子どもたちの症例を報告し、「早期乳幼児自閉症」と命名したことが自閉症研究の始まりです。
　カナーの記載した自閉症は、極度の孤立状態を示し、人とのコミュニケーションがほとんど見られず、こだわりが極めて強い特徴を示す子どもたちでした。自閉症はまれな障害で、その大半は知的障害を伴い、生涯にわたって日常生活のさまざまな範囲で支援が必要な重い障害と考えられてきたのです。
　その後、知的障害のない人たちのなかにも、自閉症様の症状をもち、社会生活に困難を抱えている人たちがいることがわかってきました。1990年代前半に、国際的な診断基準である世界保健機関（WHO）による「国際疾病分類第10改

訂版(ICD-10)」とアメリカ精神医学会による「精神疾患の診断分類第4改訂版(DSM-Ⅳ)」が相次いで発表されました。

そのなかで、自閉的な症状をもっている状態の総称としての**広汎性発達障害**と、その下位分類として**自閉性障害、アスペルガー障害、特定不能の広汎性発達障害**、あるいは**非定型自閉症**が位置づけられました。これによって、知的発達に遅れのない自閉症の存在が医療関係者のあいだで気づかれるようになり、さらには福祉、教育、保健とさまざまな領域の専門家や関係者に広く認識されるようになりました。なお、知的発達に遅れのない自閉症を**高機能自閉症**と呼ぶこともあります。

高機能自閉症の教育上の定義(文部科学省, 2003年)

高機能自閉症とは、3歳位までに現れ、①他人との社会的関係の形成の困難さ、②言葉の発達の遅れ、③興味や関心が狭く特定のものにこだわることを特徴とする行動の障害である自閉症のうち、知的発達の遅れを伴わないものをいう。

また、中枢神経系に何らかの要因による機能不全があると推定される。

一方、イギリスの精神科医であるローナ・ウィング(Lorna Wing)は、カナータイプの典型的な自閉症の人たちから、自閉症の特徴が非常に淡い人たちまで含めて、自閉症共通の社会性・コミュニケーション・イマジネーション(想像力、思考の柔軟性)の3領域の障害(「三つ組」の障害)のある状態を包括する枠組みとして**自閉症スペクトラム障害**(Autism Spectrum Disorders)という概念を提唱しました。

この名称は、2013年に改訂された「精神疾患の診断・統計マニュアル(DSM-5)」に採用されたことで、今後は広汎性発達障害やアスペルガー障害に代わって自閉症スペクトラム障害という診断名が普及していくと思われます。

しかし、法律や行政上は現在でも自閉症という用語が使われているため、本書でもそれに従うことにします。自閉症スペクトラム障害と同じものを指していると考えてください。

(2) 診断基準

DSM-5では、広汎性発達障害という疾患名とその下位分類が廃止され、**自閉スペクトラム症／自閉症スペクトラム障害**という疾患名で一括りにされました。

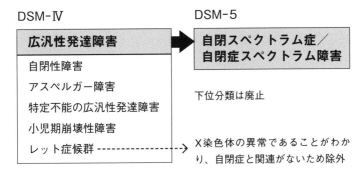

【図8-1】DSM-ⅣからDSM-5への変更点　　　　　　　　　　　　筆者作成

　自閉症スペクトラム障害は、①社会的コミュニケーションおよび対人的相互反応における障害、②興味や関心が狭く特定のものへの強いこだわりという2つの基本特徴が幼児期早期から認められ、そのことによって日々の活動に大きな支障をきたしている場合に診断されます（日本精神神経学会・髙橋・大野, 2014）。

> **＊DSM-5の疾患名の訳語について**
> これまでDSMを和訳する際、disorderは「障害」と訳されてきました。しかしそれは、disabilityの「障害」と混同されやすく、しかも不可逆的な状態にあるとの誤解を与えかねないことから、DSM-5ではdisorderを「症」と訳すことになりました。ただし、障害をつけた名称がすでに普及している場合には、当面、症がつく病名（たとえば自閉スペクトラム症）と障害がつく病名（たとえば自閉症スペクトラム障害）を併記することになりました。

（3）社会性の3つのタイプ

　ウィングは自閉症の社会性の障害に注目して、3つのタイプに分類しました。**孤立型、受動型、積極奇異型**です。しかし、この分類は固定的なものではありません。幼児期に孤立型だった子どもが学童期には受動型あるいは積極奇異型へと、発達の過程で別のタイプに移行することもあります。

孤立型

　他人への関心に乏しく、人とかかわりをもとうとしません。呼ばれても振り返らず、すれ違っても何の反応も示さず、他人が見えていないかのように行動します。

　人の膝の上に座るなどの身体接触を求めることはありますが、それは相手への愛着からではなく、単に感触を求めてのことだったりします（飯塚, 2007）。無表情で、視線を回避する傾向があります。

　重度の知的障害を合併していることが多く、発語がなく、**クレーン現象**（何か物を取ってほしいときに、近くの人の手を引っ張ってクレーンのように動かすこと）が目立つ子どもが多くいます。

　発語がある場合でも、**エコラリア**（相手が言った内容をすぐにそのまま繰り返す**即時エコラリア**や以前聞いたコマーシャルなどの一部を時間をおいて繰り返す**遅延エコラリア**）や「ちょうだい」と「あげる」、「ただいま」と「おかえり」のように役割の異なる言葉を逆転あるいは混同して用いるなどの特徴的な言語表出をみせます。

　カナータイプの典型的な自閉症なので診断が容易で、比較的早期に発見されます。

受動型

　自分から他人にかかわっていくことはしませんが、働きかけに受動的に応じ、言われたことに比較的素直に従います。

　言語発達は孤立型より良好ですが、抑揚の乏しさがみられます。視線は合わないことが多く、他者と喜びや楽しさを共有するためのコミュニケーションをあまりとろうとはしません。

　従順で扱いやすく、問題行動の少ないタイプです。その反面、嫌なことも受け入れてしまうので、ストレスを蓄積しやすく、思春期以降に抑うつや不安障害などの精神科症状を併発することもあります。

積極奇異型

　他者に自分から積極的にかかわろうとしますが、かかわり方が奇妙であったり、一方的であったりします。相手の話に耳を傾けることが難しく、自分の関心のあることを一方的に話したり、同じことを何度も繰り返して話し続けたりします。

知的には高い場合が多く、難しい言葉を知っている半面、回りくどい表現をしたり、くだけた表現ができず堅苦しい表現をしたりするなどの特徴がみられます。声の大きさを上手に調節できなかったり、感情を表すジェスチャーの使用が少なかったり、必要以上に大げさな表情やジェスチャーをしたりします。いたずらに相手の目を凝視する一方で、肝心なときに視線を合わせないこともあります。

相手の都合や気持ちに配慮しないので、対人関係の問題をよく起こします。しかし、積極的に人にかかわろうとするので自閉症として認識されず、気づかれるのが遅れる傾向にあります（飯塚, 2007）。

（4）有病率

かつて自閉症は人口の0.1％程度と考えられていましたが、近年では1～2％程度の有病率と報告されています（鷲見, 2011）。有病率の上昇については、診断基準の変化や発見システムの整備、認知度の高まりなどによる見かけ上の増加だといわれる一方で、晩婚化（両親の高齢化）などの環境的な要因による影響で実数が増加しているという可能性も指摘され、明確な答えは出ていません。しかし、自閉症と診断され、支援が必要とされる子どもたちの数が大きく増加していることは疑いのない事実です。

性別では男性に多く、女性に比べ約4倍の有病率といわれています。

（5）原因論

かつて自閉症は親の育て方が原因だとする説が唱えられたこともありましたが、今日では脳の機能障害によることが明らかになっています。そしてそれは、遺伝要因と環境要因の複雑な相互作用によって生じると考えられています。ただし、特定の原因遺伝子ではなく、多くの遺伝子が自閉症の特性をもたらす脳の機能障害に関与していると推定されています。

近年、自閉症の社会性の障害と関連して注目されているのがオキシトシンです。オキシトシンは脳の下垂体後葉から分泌されるホルモンの一種で、出産時の子宮収縮や母乳分泌促進などの作用が知られています。また、他者への信頼性や愛着形成などに関与していることも報告されています。自閉症のある人たちへの実験的な投与もなされ、反復行動や感情理解の困難、表情の読み取りなどが改善したという報告があります。

このようなことからオキシトシンの機能不全が自閉症の症状に関与している

と考えられ、オキシトシンが自閉症の治療薬になるのではないかと期待され、研究が進められています。

3 特性とその理解

(1) 対人関係（社会性）の障害

　自閉症の子どもは、他人の感情や考えを直感的に察するのが苦手だったり、無頓着だったりするため、場にそぐわない言動をしたり、自分の言いたいことだけを言うといった一方的なかかわり方になりがちです。そのため、相手を不快な気持ちにさせたり、誤解が生じたりすることがありますが、本人は相手がなぜ怒っているのか理解できなかったり、いつも自分ばかり責められると被害者意識をもったりすることが少なくありません（村松, 2011）。

　また、仲間ができず孤立感にさいなまれたり、集団に適応できずいじめを経験したり、逆にほかの子どもへの暴言や暴力などといった対人関係のトラブルに発展したりすることもあります。

(2) コミュニケーションの障害

　発達に遅れがある自閉症の場合は、ことばをまったく話せなかったり、語彙が少なかったり、エコラリアや代名詞の逆転などがみられます。それに対して、通常の学級に在籍している知的に遅れのない自閉症の子どもの場合は、語彙が豊富で、文法も正確であっても、大切な情報が抜けていたり、どうでもいいような情報を長々と話したりするため、何を言いたいのかが相手に伝わらなかったり、誤って伝わったりします。

　また、ことば以外の身振り、視線、表情など非言語的コミュニケーション手段を上手に使って伝えることも苦手です。

　相手の話を聞いて理解することも苦手です。一つ一つのことばは知っていても、文脈からことばの意味を想像することが不得手なので、文字どおりに受け取ってしまい、相手のことばの裏にある言外の意味やニュアンスをうまく読み取ることができません（村松, 2011）。長い説明や指示、複数の人との会話、騒音のなかでの話などはとくに理解が悪くなります。

（3）想像力やこだわりの障害

　自閉症の子どもは、興味や行動の範囲が狭く限定していて、パターン化されやすい特徴があります。特定の事柄の手順や配置にこだわりがあったり、記号やマーク、天気図・地図、時刻表などに極端なほどの興味をもつことが知られています。関心の度合いによって取り組み方の差が大きく、興味があることには没頭する半面、関心が向かないことはまったくやろうとしなかったりします。

　自閉症の子どもは、目の前にない事物について頭の中で思い浮かべ、因果関係など物事の関係性をとらえたり、仮定にもとづいて思考したりすることが苦手です。そのため、想定していないことが起きて見通しがはっきりしないと混乱しやすく、気持ちや行動を切り替えることも難しいのです。状況に応じて柔軟に対応することができず、融通が効かないともいえます。

　さらに、新しいことが苦手で不安を感じたり、慣れるのに時間がかかったりします。手順や物事への執着、同じ行動を繰り返すことなどのいわゆる「こだわり」も、想像力の弱さの結果として生じるものと考えられています（村松，2011）。

（4）注意の障害

　自閉症の子どもは外界のさまざまな情報のなかから、1つの情報に焦点を合わせてしまうと、それ以外の情報をとらえられなくなってしまう、**刺激の過剰選択性**といわれる特性をもっています。そのため、自閉症の子どもは注意の切り替えが苦手だったり、注意配分を適切に分散させて、いくつかの作業を同時並行でうまく処理することができなかったりします。

　自閉症の子どもに人と話をするときは相手の目を見るように強要すると、相手の目や顔を見ることばかりに注意が向き、相手が何を話しているのかがわからなくなってしまうこともあります。

　自閉症の子どもが人とのコミュニケーションを苦手とするのは、刻一刻と変化する相手の声の様子や顔の表情、しぐさなどの情報を同時に処理できず、ことばの裏にある相手の意図が理解できないためだともいわれています。

（5）感覚の異常

　自閉症の子どもは、聴覚、視覚、触覚、嗅覚、味覚、温痛覚などの感覚刺激に対する反応の仕方に偏りがあり、特定の感覚刺激に過敏だったり、苦痛を感じたりすることがあります。逆に、ある感覚にはとても鈍感だったり、没頭す

るほど好きだったりする場合もあります。

　感覚刺激への反応の様相は個人差が大きいのですが、自閉症の子どもによく見られる例としては聴覚過敏があります。突然の大きな音が苦手、特定の音が耐えられない、ざわざわした教室のような環境では大事な声が聞き取れなかったり、ひどく疲労するといったことなどがあります。

　また、特定の衣服の肌触りが耐えられないといった触覚過敏や、特定の食べ物の食感や味、匂いにがまんできないなどといった味覚や臭覚の過敏性もよく耳にする例です。

　特定の感覚刺激に対する過敏性や、それによってもたらされる苦痛は、ほかの人からはわかりにくいものですが、本人はそれを我慢して、避けるためにかなりのエネルギーを費やさなければならず、生活するうえでとても大きな支障となっていることがあります。

4　担任としての支援や配慮

　自閉症の子どもの支援を考える際には、彼らの発達特性を理解することが重要です。学校生活を送るうえで妨げとなっている行動について、その理由を発達特性から考え、対応策を立てていきます。その際に、子どもの長所が生かされる活動を選んだり、子どもの得意な面を生かして苦手を補うような工夫をしたりすることが大切です。すべてほかの子どもと同じようにできなくても、ほかの人に手伝ってもらって、やらなくてもすませられるような工夫をするのも一つの方法です。

　また、自閉症のある子どもの問題行動は、その子どものもつ発達特性と周囲の子どもとの関係性のなかで生じてくることが少なくありません。そのため、自閉症の子どものよさをまわりの子どもたちに認めてもらい、奇妙で気になる言動を子どもたちに許容してもらえるような担任の働きかけが大切になってきます。その基盤には一人一人の違いを認める学級づくりと、どの子も同じ学級の一員として大切にされているという安心感のある学級づくりが欠かせません。

(1) 視覚的な情報を活用する

　自閉症の子どもは、多くの人の声やさまざまな音のなかから必要な声や情報を取捨選択するのが苦手です。そのため、音声情報よりも視覚情報のほうが理

解しやすいといわれています。音声はすぐに消えてなくなりますが、視覚情報は何度でも確認できるという利点もあります。

　また、自閉症の子どものなかには、場面に合わせて声の大きさをうまくコントロールできない子がいます。「声のものさし」は、どのようなときに、どれくらいの大きさの声で話すかを視覚的に示したイラストです。いつも確認できるように掲示物として貼っておきます。

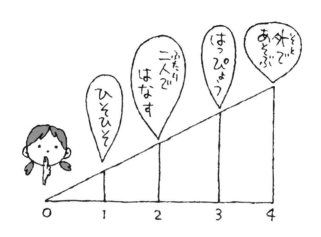

　しかし、逆に多くの視覚的な情報があると必要な情報が見つけられず苦労することがあります。できるだけ情報は簡潔でわかりやすくすることが大切です。

（2）説明や指示は短く、具体的でわかりやすい表現を用いる

　自閉症の子どもはあいまいな表現を理解するのが苦手です。説明したり指示したり質問したりする際には、短い文で、はっきりとわかりやすい表現にすることが大切です。長くなる場合は、まず全体像を示したのちに1つずつ順を追って、できるだけ具体的にするよう心がけましょう。

　たとえば、「きちんと掃除をしなさい」といった表現よりも、「掃除のときは、まず○○をします。それが終わったら、次に○○します」といったように具体的な行動を細かく分けて、順々に説明するようにします。

（3）安心できる環境を整える

　自閉症には、感覚刺激に過敏な人が多くいます。余計な感覚刺激によって不快感を大きくしないよう、静かで落ち着いた教室環境をつくるよう心がけまし

ょう。教員自身が大きな声を張り上げて騒々しい環境の一因とならないように注意してください。

　また、学級内のルールが明確で、誰もがそれを守り、お互いが気持ちよく過ごすことのできる学級づくりも大切です。ルールを守れず、ケンカやいさかいが絶えない学級では、自閉症のある子どもでなくとも安心できる環境とはいえないでしょう。

（4）構造化し、見通しをもたせる

　自閉症のある子どもは、初めての場所や初めての体験に強い抵抗を示すことがあります。予想がつかないことに対してとても不安になるのです。

　構造化とは、自閉症の人たちに周囲の環境などについての情報を視覚的・具体的・系統的に整理することでわかりやすく伝える方法です。たとえば、運動会や遠足などの行事にうまく参加できない子どもに、前もって行く先々の写真を見せたり、活動をカード化したりして手元に持たせます。いつ、どの活動が自分の出番か、そして今どこまで終わっているかといった活動の流れとその内容、進行状況を視覚的に示すことによって、安心して行事に取り組めるようになります。

（5）ほめられた、認められたという経験をもたせる

　ほかの子どもが簡単にできることでも、自閉症の子どもにとって容易ではないことがあります。できないことや失敗したことを責められたり叱られたりすると、「自分はだめだ」と自己肯定感が低下してしまったり、他人のせいにして攻撃的になったり、学校に行くのを嫌がったりするようになることもあります。それよりも、できることや得意なことを生かして、まわりの人にほめられたとか認められた、感謝されたという経験を数多く積むことが大切です。

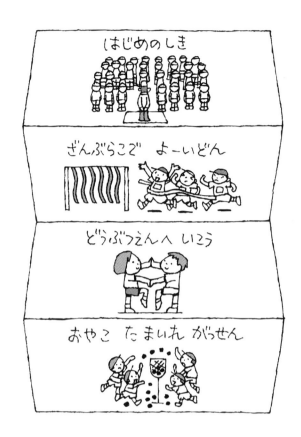

5 | 特別な場での指導

(1) 通級による指導

　通級による指導では、個々の障害の克服・改善と毎日生活している在籍学級への適応を目標として、個別の指導計画にもとづき指導が行われます。

　具体的には、自分の考えや気持ちの伝え方、相手の考えや気持ちの理解の仕方、集団ルールや社会的マナー、場面や状況に合わせた行動のとり方など、集団のなかで他人と適切に関わるための方法や上手なコミュニケーションの方法を学びます。また、自分の感情への気づきと、そうした感情が生じた理由や原因の理解、そして感情をうまく表出したり、怒りや興奮を上手にコントロールするための方法もよく取り上げられる指導内容です。

さらに自分が他人にどう見られているかという自己理解が可能となる小学校の高学年以降になると、自分の長所や短所、好きなところなど、自分の特徴やよさを客観的にとらえることや、他人の特徴やよさに気づくことが大切な指導内容となります。良い部分も悪い部分も含めて自己を多面的に理解したうえで、自己肯定感を育むことが小学校高学年以降、中学校や高等学校の指導においても重要になります。

　通級による指導は、個別指導が中心となりますが、必要に応じてグループ指導を組み合わせて行います。グループ指導では、ゲームのルールを理解し、順番を待つなどのルールを守る、負けても怒ったり、他人のせいにしないなど、実際に活動に取り組むなかで望ましい行動を身につけることを目的として、小集団で指導を行います。また、同じような特性のある仲間と、少人数の安心できるグループで、話し合ったり協力したりしながら活動を行うことで、他人と関わる自信と意欲を育てることもグループ指導の大切な目的となります。

　通級による指導の効果を上げるためには、学級担任と通級指導担当者との連携が欠かせません。定期的に情報交換を行い、通級による指導での成果が在籍学級で生かせるよう、担任が学級でできることを工夫することが大切です。

（2）自閉症・情緒障害特別支援学級

　自閉症・情緒障害特別支援学級では、通常の学級での教育では十分に成果が期待できない子どもが在籍して、少人数で教育を受けています。自閉症の子どもたちの情緒の安定を図り、人とのかかわりを円滑にし、生活する力を高めることを目標に指導が行われています。

　基本的には通常の学級と同じ教科などを学習していますが、子どもの実態によっては、教科の内容を下学年の目標及び内容に替えて学習を行っています。

　加えて、特別支援学校学習指導要領を参考にした自立活動が取り入れられています。具体的には次のような指導が行われています。

①他人の話を聞くときの態度や返事やあいさつの仕方など、他人とのかかわりの基礎となる態度を形成するための指導
②文脈に即した言葉の理解や、場面に応じた適切な言葉の使用ができるようになるための指導
③友達や教員と一緒に活動する喜びや楽しさを味わい、情緒の安定を図ることと、集団のルールを学び、人とのかかわりを深めるための指導

6 専門機関との連携

(1) 医療機関

　最近では1歳6か月児健康診査や3歳児健康診査といった乳幼児健康診査で自閉症が疑われ、幼児期早期に医療機関で診断されて早期療育を受けている自閉症の子どもが増えてきています。しかし、このような情報が保護者から学校や学級担任に伝えられないことは珍しくありません。

　一方で、保護者はどこかほかの子とは違うとか、育てにくさを感じながらも専門機関に相談しないまま、小学校に就学している子どももいまだに少なくありません。

　診断を受けることだけが医療機関とつながる目的ではありません。幼児期から青年期・成人期へと途切れることなくそれぞれのライフステージに合った医療面での支援や助言を得ることが大切なのです。

　自閉症にはてんかんが比較的高い割合で合併することが知られています。また、パニックや攻撃行動、睡眠障害などが著しい場合や、その他にも強迫症状などの精神医学的な状態が合併した場合などには、薬物療法が有効なことがあります。そのため、問題が重篤になって病院に駆け込むのではなく、できるだけ早い時期からかかりつけの専門医に定期的に診てもらっておくことが望ましいのです。

　学級担任として保護者に医療機関の受診を勧める場合には、保護者の考えや子どもの学校での状況を考慮しながら、特別支援教育コーディネーターとよく相談のうえで、信頼のおける医療機関を紹介することが大切です。

(2) 発達障害者支援センター

　発達障害者支援センターは、発達障害児（者）への支援を総合的に行うことを目的とした専門的機関です。その事業内容はそれぞれのセンターによって多少異なりますが、おおむね次のようなものです。

相談支援

　本人および家族に対して電話や面接による相談に応じてくれます。福祉制度やその利用の仕方など相談者が必要としている情報を提供してくれたり、必要に応じて関係機関に連絡をとってくれたり、紹介をしてくれることもあります。

普及啓発・研修

　関係機関の職員などを対象に、発達障害の理解や支援についての講演会や研修会を企画し、一般の人や家族、関係者に向けては普及啓発のための活動を行っています。また、社会福祉施設、学校、行政機関など、支援者のための実践研修も行っています。

コンサルテーション

　発達障害のある人にかかわる学校や支援機関などを対象に、一定期間、定期的に訪問して、それぞれが直面している困難な状況の対応方法や問題解決の方法を一緒に考えています。

【引用・参考文献】

日本精神神経学会 日本語版用語監修、髙橋三郎・大野裕（監訳）『DSM-5 精神疾患の診断・統計マニュアル』医学書院、2014年、p. 49

本田秀夫『自閉症スペクトラム――10人に1人が抱える「生きづらさ」の正体』ソフトバンク新書、2013年

飯塚直美「第1章 自閉症スペクトラムの理解　序論：自閉症スペクトラムとは」 笹沼澄子編『発達期言語コミュニケーション障害の新しい視点と介入理論』医学書院、2007年、pp. 3-11

神尾陽子「ライフステージに応じた自閉症スペクトラム者に対する支援のための手引き」国立精神・神経センター精神保健研究所、2010年

村松陽子「発達障害の特性と支援の基本姿勢」『精神科臨床サービス』11（2）、 星和書店、2011年、pp. 168-173

日本精神神経学会精神科病名検討連絡会「DSM-5 病名・用語翻訳ガイドライン（初版）」『精神神経学雑誌』116（6）、日本精神神経学会、2014年、pp. 429-457

大屋彰利「広汎性発達障害―自閉症―」『臨床精神医学』35（増刊号）、 アークメディア、2006年、pp. 212-215.

特別支援教育の在り方に関する調査研究協力者会議「ADHD及び高機能自閉症の定義と判断基準（試案）等」文部科学省、2003年

鷲見聡「名古屋市における自閉症スペクトラム、精神遅滞、脳性麻痺の頻度について」『小児の精神と神経』51（4）、日本小児精神神経学会 、2011年、pp. 351-358

COLUMN

サヴァン症候群と自閉症

　1989年、第61回アカデミー作品賞を受賞した映画『レインマン』。主演のダスティン・ホフマン（Dustin Hoffman）は、簡単なお金の計算もできない一方で、驚くべき記憶力をみせる重度の自閉症レイモンドをみごと演じ、アカデミー主演男優賞に輝きました。

　レイモンドは実在する複数の人物をモデルに創造されたのですが、その一人がキム・ピーク（Kim Peek）です。彼は驚異的な記憶力の持ち主でした。本の左ページを左眼で、右ページを右眼で読むといった方法で、1ページを8秒ほどの速度で読み進め、1万冊以上の本の内容をほぼ正確に記憶していたといわれています。

　一方で、子どものころ医師から発達の遅れを指摘され、対人関係の困難などの自閉症の症状を示してもいました。大人になっても父親に手伝ってもらわないと、自分の着たシャツのボタンをうまく留めることさえできないといったように、日常生活上でさまざまな支援を必要としていました。

　このように重篤な障害があるにもかかわらず、ある特定の領域において驚異的な能力を発揮する者をサヴァン症候群（Savant Syndrome）と呼びます。その領域は暦計算、記憶、音楽、美術、暗算など多岐にわたります。サヴァン症候群の半数以上は自閉症であるといわれています。

第9章

情緒障害の理解と支援

1 Eさん（場面緘黙）のケース

　Eさんは小学校1年生。おとなしい感じの女の子です。授業中、先生の話はきちんと前を向いて聞いています。

　入学間もない4月のある日、担任の先生はふと気づきました。朝の会や授業の始まりのあいさつをするとき、口はかすかに動いているようですが、声が出ていないのです。そういえば休み時間にも彼女の声を聞いたことがない気がします。

　先生から指名されて答えを求められました。椅子からは立ち上がりましたが、一言も発せずうつむいています。だんだんとつらそうな表情になってきました。先生はこれ以上待つとプレッシャーでつらくなると思い、「〇〇だよね」と答えを投げかけると、彼女はかろうじてうなずき、意思を表出しました。

休み時間は席について本を読んでいることがほとんどです。まわりではお友達がワイワイおしゃべり。「Eちゃん、昨日の△△のテレビ観た？」と話しかけられると、ニコッと笑ってうなずくことで答えました。しかし会話は続かず、また読書にふけっているのでした。

振り返ってみると、入学式の翌日に一人ずつ自己紹介をしてもらったときも、なかなか話すことができず、そのうち涙目になり固まってしまいました。毎年いる恥ずかしがり屋さんの一人だと思い、そのときは先生が代わりに名前を読み上げました。「もしかしてお話ができないのかしら……？」と考えてみますが、入学式の受付の前で、お母さんと元気にお話をしていた姿をはっきりと覚えています。しかし入学して3週間が過ぎるというのに、まだ教室では声を聞いた覚えがないのです。

2 情緒障害とは

情緒障害とは、一般に「身体的、器質的には原因と考えられるような要因は認められないが、社会的あるいは対人関係などの心理的な原因によって生じた行動上の異常」を指しています。単一の症状や疾患を指しているわけではなく、さまざまな行動上の表れを総称しています。

つまり情緒障害には不登校や引きこもり、**摂食障害**や**夜尿**、**チック**や**吃音**など、原因は特定できないけど、心理的・社会的な原因によって行動上なんらかの症状がある場合は何でも含めることになります。ほかにも、指しゃぶりや爪噛みなどの神経性習癖や夜驚などの睡眠障害、非行などの反社会的行為などもあります。

以前には、原因が特定できてなくて情緒的な症状が認められるという理由で

自閉症まで含んでいました。教育・医学・福祉それぞれの分野でも用語の使われ方や位置づけが違っています。しかし多職種間で連携して子どもを育もうとしている昨今、このような現状は好ましいとはいえません。一日も早く整合性のとれた形で整理されることを期待します。この章では、文部科学省が情緒障害の代表例としてあげている**場面緘黙**(かんもく)について取り上げます。

3 場面緘黙とは

　一般に緘黙とは、「口を閉じてしゃべらないこと。だんまり。」(『広辞苑』第6版) という意味です。そして場面緘黙 (Selective Mutism) とは、ほかの状況では話しているにもかかわらず、話すことが期待されている特定の状況で話すことができないことが続いていることを指します。

　言い換えると、言語中枢や発声器官に障害が認められないにもかかわらず、ある場面で発語や発話がない状態です。その程度はまったく話をしない状態から、小さな声では話すなど多様です。多くの場合、家庭内や近所などの場面では通常に会話が可能なことが多く、園や学校などで話ができません。

　なお、これまでは選択性緘黙と呼ぶことが一般的でしたが、今後は場面緘黙となる見込みです。

　場面緘黙は2〜5歳で発症し、世界的には1％以下の発生率 (American Psychiatric Association, 2013) といわれ、日本国内では0.1〜0.2％の発生率と報告されています。男児よりも女児に1.5〜2倍ほど多いようです (Steinhausen, H.C. ほか, 2006)。発生率は少ないように感じますが、近年増加しているとの指摘もあり、また、まわりの大人が症状に気づかずに未診断の場合が少なくないと思われます。

　発症の原因はよくわかっていません。関連しそうな要因としては、内気で不安を抱きやすい気質や家族のもつ同様の気質傾向といった性格の要因、話し方や言語能力の障害、幼少期のことばの発達の遅れなどが指摘されています。学習障害や自閉症、知的障害などをあわせもっている場合もあるようです。

　診断にはアメリカ精神医学会 (American Psychiatric Association) による診断基準DSM-5がよく使われます。DSM-5では、表9-1に示したAとBの項目を満たし、それらが少なくとも1か月続いていることが条件となります。この

1か月には入学直後の1か月は含めませんので、環境が変わった直後のとまどいや溶け込めなさによるものではありません。

また、コミュニケーション障害や自閉症がある場合は、場面緘黙の診断はつけることができません。外国籍児童などで言語を知らない場合も診断できる対象から除外されます。

【表9-1】DSM-5による選択性緘黙※の診断基準

※ DSM-5では場面緘黙を選択性緘黙と記載しています。

> A. 他の状況で話しているにもかかわらず、話すことが期待されている特定の社会的状況（例：学校）において、話すことが一貫してできない。
> B. その障害が、学業上、職業上の成績、または対人的コミュニケーションを妨げている。
> C. その障害の持続期間は、少なくとも1カ月（学校の最初の1カ月だけに限定されない）である。
> D. 話すことができないことは、その社会的状況で要求されている話し言葉の知識、または話すことに関する楽しさが不足していることによるものではない。
> E. その障害は、コミュニケーション症（例：小児期発症流暢症）ではうまく説明されず、また自閉スペクトラム症、統合失調症、または他の精神病性障害の経過中にのみ起こるものではない。

出典：日本精神神経学会・髙橋・大野 2014

4 特性とその理解

場面緘黙はその原因を特定することができていませんが、社会的な条件や心理的な特徴が関与しているようです。考えられる要因からその特性と理解について説明します。

（1）性格との関係

場面緘黙のある子どもは、内気で内向的な性格が指摘されることがあります。また家族にも同じような傾向がある場合が多いようです。

恥ずかしがり屋で、人前で話をしたり意見を述べたりすることに不安や恐怖のような感情を抱きます。自分の声で何かを話す、そしてそれを周囲の人が聞

くということが怖くてたまらなくて、そういった事態を回避するために話さないということをやむなく選択しているのかもしれません。

多くの場合、家庭で保護者やきょうだいとは問題なく話すことができますから、大勢の友達やあまり知らない人の前で話すときに、とくに不安や恐怖を感じて話せなくなっているのだと考えられます。

場面緘黙は恐怖症の一つとして理解されることがあります。高所恐怖症のある人が高いところで足がすくんで動けなくなるように、場面緘黙のある人は人前で話す場面で怖さから話せなくなっていると考えることができます。本人がサボっていたり、相手を困らせようとしたりしているわけではなく、むしろ本人が困っている状態として理解しましょう。

(2) コミュニケーションや言語能力との関係

どのようなケースが考えられるかあげてみます。

- 話す能力や話し方に問題を抱えている ➡ 話すことをためらってしまう
- 「自分はうまく話せない」と思い込んでいる ➡ 実際には問題はないのに、ためらってしまう
- 言語に関するLDをもっている ➡ 人前で話すことに困難さを感じる
- 吃音のような問題を抱えていた ➡ 人前で話すことに負担や抵抗を感じる

人前で話すということは、みんな同じように簡単なことではないということを理解しなくてはなりません。

(3) 新しい環境や文化への適応との関係

帰国子女のように異なる言語で幼少期を過ごして日本に帰ってきた場合、自分の言語力に不安を感じ、話すことができないのはあり得ることです。あるいは日本で育っても、両親が国際結婚で家庭のなかで2か国語が使用され、バイリンガルである場合も同様です。

これは自分がその立場になったと考えれば容易に想像できると思います。異なる言語圏に移り住んで、すぐに片言でも話そうと試みるのはすごく勇気がいることでしょう。言語的な環境の変化は一つの要因となるかもしれません。

また、転居などによる環境の変化も考えられます。まったく友達のいない集

団に突然入ったならば、とくに年齢が幼い場合、自分から話をするのは容易ではありません。何を話していいのかわからず、話しづらさを感じているうちに話すきっかけを失い、それが長く持続してしまって緘黙になっているのかもしれません。

　新しい環境や文化に適応するのはなかなか大変です。これまでと違うコミュニティに参加し、そこで使われる言葉でコミュニケーションをとることの大変さを想像すべきです。

（4）周囲の理解

　幼少期に場面緘黙を経験した大人の方にお話を聞いたときに、とても印象的だったのは「自分が人前で話ができないことを、一番わかってほしい親にわかってもらえなくてつらかった」という言葉でした。

　場面緘黙の子どものほとんどは、家庭や外出先で保護者やきょうだいといるときは何ら問題なくおしゃべりをします。むしろよくしゃべり、にぎやかである場合も少なくありません。

　保護者は自分と一緒に過ごしているときの姿しか知りませんから、学校や園で話していないとは想像することができません。学校や園の先生から、わが子の緘黙症状について聞かされた保護者は驚き、にわかには信じがたいと感じるようです。

　また、本人から親に打ち明けることはできません。なぜなら人前で話のできない自分を誇らしくないと感じているかもしれませんし、話せないつらさを打ち明けるというのは大変なことです。ましてや年齢が低い場合が多いので、自分から話すことは期待できません。

　そのため、場面緘黙は冒頭に紹介したEさんのように、教員が最初に気づくケースが多いようです。そして、気づいた教員がほかの教員と話し合い、保護者に説明し、医療機関を受診して診断がつけられるという経過をたどります。

　このように、周囲の共通理解を図るまでには独特の経過と時間を要することになります。

5 担任としての支援や配慮

(1) 本人への支援

　場面緘黙のある子どもへの対応の基本は、話すことを無理強いしたり、話すことを求める場面に居させつづけないことです。あくまで本人のできる範囲を尊重し、少しずつチャレンジしてもらえばよいのです。

> 話せる場面・話せない場面を知る

　場面緘黙の子どもがどのような場面では話せるのか、話せないのかを知っておくことは支援の第一歩です。マクホルムほか（McHolm, A.ほか, 2005/2007）を参考に紹介しますと、場面による違いを生み出しているのは「場所」「誰と」「活動内容」の3つに集約されそうです（表9-2）。

【表9-2】場面緘黙の子どもについて理解するときの場面の例

場所	家のリビング、自分の部屋、玄関、庭先、スーパー、公園、学校の校門付近、校庭、トイレ、教室……
誰と	お母さん、お父さん、きょうだい、祖父母、友達、担任の先生、養護教諭……
活動内容	テレビを観ている、料理、キャッチボール、鬼ごっこ、あいさつ、休み時間のおしゃべり、話し合い、みんなの前での発表……

　これら3つはそれぞれ、場面緘黙の子どもにとっての話ができる難易度を考えることができます。たとえば「場所」なら、家のリビングは近所のスーパーより話しやすいでしょうし、スーパーも教室よりは話しやすいでしょう。「誰と」も「活動内容」も難易度順に並べることができます。さらにはこの3つを組み合わせることができます。たとえばこんな感じです。

- 家のリビングで お母さん とテレビを観ながらおしゃべりする
- 近所のスーパーで お父さん と一緒に買い物する
- 自分の部屋で 友達 とゲームをして遊ぶ
- 休みの日に校庭で きょうだい とボールで遊ぶ
- 授業参観の日の休み時間に教室で お母さん と話す
- 授業中に 全員を前にして 作文を読む

　この３つを組み合わせたそれぞれの場面を難易度ごとに並べることもできます。

　まずは子どもの様子を観察したり、保護者と情報交換をしたりして、どのような場面だと話をすることが難しいのか、どの場面だとできるのかを整理することが求められます。

チャレンジを見守る

　場面が整理できたら、まずは話すことができている場面を安定して持続させるように心がけましょう。今到達できている難易度の場面でいつでも安心して話せるという状況が、これからチャレンジするための足場になります。じっくりと足場を固めることが何より大切なのです。

　足場が固まったと確認できれば、次へのチャレンジを促してもいいかもしれません。先述の整理した場面を利用しましょう。「場所」「誰と」「活動内容」の３つの組み合わせのうち、１つか２つの難易度を上げて、話のできる場面を増やすことがチャレンジとなります。

　担任の先生が家庭訪問して玄関先であいさつする程度だったり、リビングでトランプなどのゲームをしながらだったりすると、少しは話ができるかもしれません。お友達が自室に遊びに来て、お母さんやきょうだいも交えて一緒に遊ぶのもよさそうです。あるいはお母さんとだったら教室でも話せるかもしれません。その場合は、お母さんと放課後や休みの日にちょっと教室にお邪魔しておしゃべりするのもいいかもしれません。

　いずれにしても絶対に忘れてはいけないのは、事前に説明して本人の同意を得ることです。「こんなふうにしてみよう。難しかったら無理しなくていいよ。やめてもいいし、お話ししなくてもいいよ」と伝えるようにします。突然、先生が家に訪問するようなことは避けるべきです。もしかすると思いがけずうま

第９章　情緒障害の理解と支援

くいくかもしれませんが、その保証はありませんし、ダメだった場合に子どもは傷つき、よりいっそう緘黙の症状が強くなる恐れがあります。しっかりと足場を固めながら、確かめるように一歩一歩進めばよいのです。そして歩みを進める主役はいつも子どもでなくてはなりません。

意思伝達の手段を工夫する

　本人の話せる場面を確認しながら少しずつチャレンジするにしても、日々の生活のなかではどうしても本人からの意思表示を受け取りたいことが生じてきます。

　たとえば、授業中に２つの選択肢から選ばなくてはならないかもしれませんし、新しい教材が必要か否かを答えなくてはならないかもしれません。そのようなときには音声の言葉以外での伝達手段を使うことになります。うなずき、首ふり、選択肢を指さししたり、さわったりする手段が考えられます。〈はい／いいえ〉の選択ならうなずきや首ふりが有効でしょうし、２択ならば指さしが有効です。事前に「こういう答え方でいいよ」と具体的に伝えておくとよいでしょう。

　以上のように、先生は無理に言葉で答えることを求めずに、本人が答えられる手段を考えて質問の方法を工夫することになります。私たちは、耳の不自由な方や外国人で日本語が通じにくい方には、相手がわかる手段を用います。コミュニケーションは相手がわかる手段を用いるのがマナーです。場面緘黙のある子どもに合わせた聞き方を考え、子どもができる手段で応答することを認めてください。

（2） クラスメイトへの支援

　クラスメイトはきっと場面緘黙のある友達と話がしたいと願っているでしょう。子どもはオープンで社交的です。クラスに誰とも話をしない仲間がいるのは、まわりの子どもたちにとっていまひとつ理解しがたいことでしょうし、連帯感やつながりをもてない寂しさなどを感じるかもしれません。もしかすると、しつこく話しかけてしまうかもしれませんし、逆にかかわることをやめてしまうかもしれません。それはどちらにしても悲しいことです。

　そこで、教員からまわりの子どもたちにぜひ伝えてほしいことがあります。それは「（場面緘黙の）〇〇さんは、みんなとお話ししたくないわけではないのだよ。むしろお話ししたい気持ちはあるのだけど、上手に言えないかもしれない、恥ずかしいという気持ちが強くて、お話ができなくなっているのだよ」というふうに話してみましょう。

　このことを伝える際には、保護者や同僚の先生、そして本人とも相談して適切なタイミングや言い方を考える必要がありますが、クラスメイトにわかってもらうよう大人が代弁して伝えることは重要だと思います。子どもたちには年齢にかかわらず、他人の思いに共感する力があります。きっとクラスメイトはそれぞれ受け止め、理解してくれるでしょう。そのことが場面緘黙のある子どもにとって大きな成長の支えになると考えます。

（3） 保護者との連携

　場面緘黙の子どもの場合、保護者との連携はいっそう重要ですが、難しい面もあります。連携の難しさは先述の「周囲の理解」（p.125）でも触れたように、家庭と学校での様子が異なるため保護者と教員が子どもの同じ姿を共有できないというところにあります。ですから、まずは家庭での姿も学校での姿もどちらも事実として保護者と教員が認め、情報を交換し合うことが必要です。そのためにはお互いの信頼関係が重要になることは言うまでもありません。

　また、子どもに対して、保護者は「学校でも家のように話せばいいのに、なんで？」という思いをもちますし、教員のほうは「家で話しているのに、なんで学校では話さないの？」という思いを抱くことが想像されます。これらの思いを子どもに直接向けるのは、子どもにとって大きな負担になるでしょう。ほかでもない本人が一番困っているということをそれぞれの立場で確認して、支援の連携を図ることが求められます。

6 特別な場での指導

　場面緘黙のある子どもへの特別な場での指導としては、通級による指導が考えられます。情緒障害の一つとして場面緘黙を位置づけることはもちろん可能ですし、広くコミュニケーションの障害ととらえて言語障害の通級を利用することも可能です。

　指導においては個別指導が中心になると考えます。担当教員と一対一での遊びやゲームなどを通して、安心できる信頼関係づくりを形成することになります。場面緘黙のある子どもの場合、学校では話すことができていませんので、いきいきと自分を表現することがあまり得意ではありません。活動性や意欲が低下していることも考えられます。

　そこで、個別指導の安心できる雰囲気のなかで自由かつ活発に表現できるようになることがねらいとなります。ここでいう表現は、もちろん言葉によるものである必要はありません。遊びや動き、表情、声などあらゆる表現の手段が用いられます。

　また通級の場合、基本的に保護者が付き添って通うことになります。指導のあとに担当者と保護者のあいだで情報交換や相談を行うことができますし、担当者と学校の担任とのあいだで情報交換することもできます。子どもへの支援の方針を通級の担当者、学校の担任、そして保護者で一致させておくことは重要な意味をもつでしょう。

7 専門機関との連携

（1）医療機関

　場面緘黙という名称は精神医学領域で用いられる診断名ですから、診断を得るためには精神科や心療内科の受診をしなくてはなりません。教員や保護者が子どもの表れから場面緘黙を疑うことはできても、診断名として用いるためには医療機関の受診が必要となります。

　医療機関を受診する目的の一つは、診断とあわせて症状や今後の経過などについて医師から説明を受けることです。子どもの症状についての共通理解は支援に欠かせません。子どもを取り巻く大人が理解を共有するために、医師から

専門的な見解を聞くことが有効となります。

　また場面緘黙は、精神医学の領域では不安障害のなかに位置づけられています。著しく強い不安状態やほかの精神疾患が認められる場合は、不安をやわらげたりするための投薬治療も検討されることになります。

（2）相談機関

　場面緘黙は心理的な要因が関与していると考えられますから、心理的なアプローチも有効な方法の一つです。行政が所有している相談窓口や大学などの相談室、民間のカウンセリングルームなどが利用できます。相談機関によって、頻度や時間、方法などはそれぞれだと思われますが、子どもに対する相談やプレイセラピー、保護者の相談、親子並行での相談などが行われているようです。

【引用・参考文献】

「かんもくネット」http://kanmoku.org/

McHolm, A. E., Vanier, M. K., Cunningham, C. E., "Helping your child with selective mutism", New Harbinger Pubns Inc, 2005／河井英子・吉原桂子（訳）『場面緘黙児への支援——学校で話せない子を助けるために』田研出版、2007年

日本精神神経学会　日本語版用語監修、髙橋三郎・大野裕（監訳）『DSM-5 精神疾患の診断・統計マニュアル』医学書院、2014年、p. 193

Steinhausen, HC., Wachter, M., Laimböck, K., & Metzke CW., "A long-term outcome study of selective mutism in childhood", Journal of Child Psychology and Psychiatry, 47(7), Department of Child and Adolescent Psychiatry, University of Zurich, 2006, pp. 751-756

ウェブサイトの活用案内

かんもくネット
http://kanmoku.org/
場面緘黙の症状がある子どもや大人、経験者、家族、教師、専門家が、正しい理解促進のために協力して開設しているサイト。

COLUMN

愛着の障害とは

　ここ数年、「愛着障害」という言葉をしばしば教育現場で耳にするようになりました。子ども理解の一つのキーワードとなりつつあります。しかし現時点ではかなり幅広い使われ方をしており、発展途上の用語です。

　愛着はボウルビィ（Bowlby, J.）の提唱したアタッチメント（attachment）の邦訳で、「ヒトがある危機的状況に接し、またはそれを予期し、不安や恐れが強く喚起されたときに、特定の他者への接近を通して、主観的な安全の感覚を回復・維持しようとする性質」（数井・遠藤, 2005）と定義されます。赤ん坊が泣いたり、視線を向けることで保護者を引き寄せたり、小さな子どもが親に抱っこをせがんだりする姿が想像されると思います。

　少し別の言い方をしてみましょう。幼い子どもは探索的で活動的ですが、未知の世界には失敗や不安がつきものです。時には安全基地や補給元に戻ることも必要です。探索中に何かあれば、大人にくっついて安心という補給を得られるシステムをアタッチメントと呼ぶこともできます。

　このような日々着々と繰り返されるアタッチメントによって、子どもには基本的信頼感、自律性、共感性

といった発達的基盤がもたらされると考えられています。発達における役割の大きさが確認されているのです。

　愛着障害とは、さまざまな理由によって乳幼児期にこのようなアタッチメントが十分に経験できなかったことによって引き起こされる障害の総称です。症状としては、行動面、心理面、対人関係、そして身体的な発育や健康にまで広範囲に及びます。加えてその影響は生涯にわたるともいわれます。

　さて、教育現場で使われている愛着障害とは、どのような子どもの姿を指しているのでしょうか。対人トラブルが多い、学習意欲が高まらない、感情の振幅が大きい、といったところでしょうか。そこに愛着の障害という理解が当てはまりそうな感触が現場の先生にはあるのでしょう。

　では、この理解にもとづく支援や援助とはどのようなものでしょうか。この試みは始まったばかりですが、安定した人間関係、情動の調整、自己価値や肯定感、情緒的利用可能性、敏感性といったヒントが出てきています。

　一つだけ確実に言えることは、子どもにとってアタッチメントの対象は保護者だけではなく、あらゆる大人が対象となります。もちろん先生も対象になりえるのです。

出典：数井みゆき・遠藤利彦編『アタッチメント――生涯にわたる絆』ミネルヴァ書房、2005年

第10章

言語障害の理解と支援

　言語障害とは、「発音が不明瞭であったり、話し言葉のリズムがスムーズでなかったりするため、話し言葉によるコミュニケーションが円滑に進まない状況であること、また、そのため本人が引け目を感じるなど社会生活上不都合な状態であること」（文部科学省, 2013）をいいます。
　小・中学校で出合うことが多い言語障害には、**構音障害**（こうおん）、**吃音**（きつおん）、**言語発達の遅れ**があります。この章では構音障害と吃音について取り上げます。

構音障害

1 F君のケース

　F君は小学校1年生。F君のクラスでは、国語の授業で一人ずつ音読していくことになりました。F君の番になり、F君は文を読みはじめました。
　「あたいとり　ととり　なぜなぜ　あたい　あたいみを　たべた……」

聞いていた友達がクスクス笑い出しました。友達に「あたいじゃないよ、あかいだよ」と言われ、F君はあわてて言い直しましたが、また「あたい」になってしまいます。普段からF君は「がっこう（学校）」を「だっとう」、「こくばん（黒板）」を「とつばん」などと言うので、F君の言いたいことが友達や先生にわかりにくいことがあります。みんなが聞き返すと、F君は「何度も言わせないでよ」と怒ってしまいます。最近、F君の口数が少なくなってきたような気がして、担任の先生は心配しています。

2 構音障害とは

「カ行音が言えない」「発音が不明瞭である」など、ことばを発するとき、一定の音を習慣的に誤って発音する状態のことを「構音障害」といいます。

(1) ことばを発する仕組み

人がことばを発するとき、まずは脳の言語中枢で、話そうとする語や文を形成します。次に、脳の運動中枢から発声器官（肺や喉頭など）と発語器官（舌や口唇など）を動かす信号が出されます。そして、肺から出された呼気は、喉頭にある声帯を振動させてブーというような原音となります。この仕組みを**発声**と呼びます。

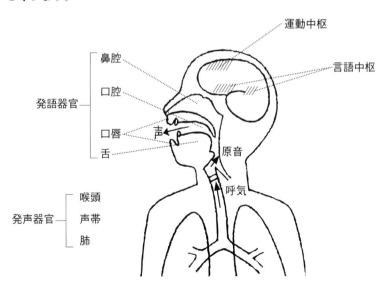

【図10-1】ことばを発する仕組み

原音は口（口腔）や鼻（鼻腔）で共鳴し、舌や口唇の動きによってそれぞれのことばを構成する音の特徴をつくります。この仕組みを**構音**と呼びます。

一般的にいう**発音**とは、「発声」と「構音」を合わせたものを指します。構音障害は、ことばを発するときに何らかの事情で音をつくる過程がうまくいかないことによって起こります。

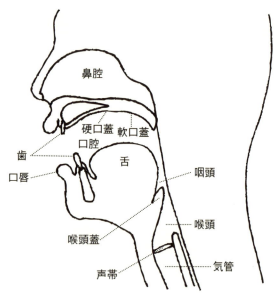

【図10-2】発語器官

（2）構音障害の分類

器質性構音障害

上あご（口蓋）は胎生初期に端から中央に向かって組織がつくられていき、生下時には真ん中で閉じた状態になります。しかし、上あご（口蓋）が閉じないまま生まれることがあり、この状態を口蓋裂といいます。成長に合わせて形態や機能を回復する手術が必要になります。

また、軟口蓋が短い、動きが悪いなどの理由で、軟口蓋とのどの奥の壁に隙間がある状態を鼻咽腔閉鎖機能不全症といいます。口蓋裂や先天性鼻咽腔閉鎖機能不全症があると、鼻に呼気が漏れたり、のどの奥を詰めるような話し方になったりして、発音が不明瞭になることがあります。

このように発語器官の形態や機能の異常により構音に誤りがみられるものを**器質性構音障害**といいます。

運動障害性構音障害

脳炎・脳症の後遺症や脳性まひなどにより発声・発語器官に運動障害が起こり、発音が不明瞭になることがあります。

このように筋肉や神経の異常により構音に誤りがみられるものを**運動障害性構音障害**といいます。

機能性構音障害

発語器官の形態や機能、筋肉や神経に異常はないが、構音に誤りがみられるものを**機能性構音障害**といいます。構音の能力はほかの能力と同様、年齢に伴って発達します。しかし、発語器官の運動機能や音の違いを聞き取る力の発達が遅れると、**構音の完成時期**（p.139、図10-5参照）になっても幼児音が修正されないことがあります。また、構音獲得の過程での未学習や誤学習により、正しくない構音が固定化してしまう場合もあります。

F君は、カ・ガ行音を身につける時期に何らかの原因で正しい構音を学習できず、タ・ダ行音に置き換えて構音することが習慣化されてしまった機能性構音障害であると考えられます。

3 特性とその理解

(1) 日本語の発音

日本語は、母音と子音で構成されています。たとえば「カ」という音は「k」という子音の後ろに「a」という母音をつけたものです。

F君のことばは、カ・ガ行音がタ・ダ行音になっています。カ・ガ行音は舌の奥のほうと軟口蓋との間を閉じ、呼気をいったん溜めてから破裂させるという発音の仕方でつくられる音です。しかしF君は舌の前のほうと歯茎の間を閉じ、呼気をいったん溜めてから破裂させる、というタ・ダ行音の発音の仕方で音をつくっています。つまり、閉じる位置を誤学習したために、カ・ガ行音が正しく言えなくなっているのです。

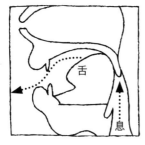 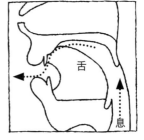

【図10-3】「カ・ガ」の発音の仕方　【図10-4】「タ・ダ」の発音の仕方

（2）音の誤りのタイプ

置換：ある音を違う音に置き換えて発音するタイプ
　からす（karasu）→たらす（tarasu）
　さかな（sakana）→たかな（takana）　など

省略：子音を省略して母音だけで発音したり、音そのものを発音しないタイプ
　はっぱ（happa）→あっぱ（appa）
　ぼーる（booru）→ぼ（boo）　　　など

歪み：日本語で表記できない音として発音するタイプ
　口の脇から息が出る音、喉の奥を詰めたような音、鼻にかかった音　など

（3）構音の完成時期と影響する要因

　日本語の音は、おおむね6歳（小学校入学ごろ）までに完成されますが、正しい構音が身につく年齢は個人差が大きいものです（図10-5）。知的発達や運動発達などが遅い場合、構音の完成時期も遅れることがあります。
　また、耳鼻科系疾患や難聴、発達障害がある場合などにも、構音の完成が遅れることがあります。「発音が不明瞭」という表れの裏にある要因を注意深くみていくことが大切です。

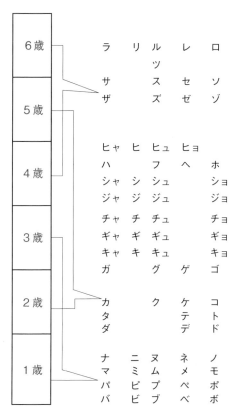

【図10-5】構音の完成時期　静岡県立こども病院「国語標準音表記法による構音検査」をもとに筆者作成

4 担任としての支援や配慮

（1）専門機関への紹介

「発音が不明瞭」だと思ったら、**言語障害通級指導教室**、通称**ことばの教室**（一部の地域では言語障害特別支援学級。以下「ことばの教室」と記す）や病院などの専門機関への相談をすすめます。「この子は発達がゆっくりなタイプだからそのうち治るだろう」と、専門機関へ行くことを望まない保護者もいます。しかし、早期に指導を受けることで本人が苦手意識をもたずに学校生活を送れたり、専門家の視点でみてもらうことで発音が正しくできない要因を詳しく知ることができ、医療的処置が必要な場合に対応ができます。これらの利点を伝え、専門機関を紹介しましょう。

(2) 教室での支援

〈言い直しはさせない〉

　誤った構音がひとたび習慣化してしまうと、言い直しをさせても正しい音にはなりません。度重なる指摘は本人の自信を喪失させ、話すことそのものに嫌悪感をもつようになりますから、間違いを指摘したり言い直しをさせたりしないことが大事です。

　そして、間違った発音をしたときは、さりげなく「そう、あかいとりだね」などと、正しい発音を繰り返し聞かせます。また、発音だけにとらわれず、学校生活のさまざまなコミュニケーションの場でていねいに働きかけをすることが、構音の発達や改善を促すことにもつながります。

〈からかいやいじめを生まない〉

　周囲の子どもたちには「うまく発音できないこともあるけど、今、一生懸命練習をしているので、だんだん上手に話すことができるようになるよ」と伝え、構音の誤りに対するからかいなどが起こらないように注意します。周囲の子どもたちが正しく聞き取れないときは、担任が説明をしましょう。

〈自信をもたせる〉

　担任は本人に対して、発言の内容を評価したり、ことば以外の得意なことで力を発揮できる場面をつくったりして、自信をつけさせることが大事です。本人の自己肯定感につながるばかりでなく、周囲の子どもたちも本人の強みに注目することができます。

5 特別な場での指導

　構音障害を改善するためには、ことばの教室で指導を受けるか、病院の言語室で**言語聴覚士**＊の訓練を受けることが必要です。

> ＊**言語聴覚士**
> 音声機能、言語機能、聴覚機能に障害がある人に対して、機能向上のための言語訓練や指導、これに必要な検査及び助言などを行う専門職です。1997年に国家資格となりました。

(1) 構音指導

ことばの教室や病院の言語室では、下記のような指導・訓練を行います。

発語器官の運動機能の向上

口唇の動きをよくする・舌先を上げる・舌の余分な力を抜くなどを行い、発語器官の運動機能を高めます。

音の聴覚的な認知力の向上

語音のまとまりの中から特定の音を聞き出す・音と音の比較をする・誤った音と正しい音とを聞き分けるなどを行い、音を正しく聞く力をつけます。

正しい構音の獲得

構音可能な音から誘導する・発語器官の位置や動きを指示する・結果的に正しい構音の仕方になる運動を用いる・聴覚的に正しい音を聞かせて、それを模倣させるなどの方法で、正しい構音の仕方を習得していきます。

例：スポイトで少量の水を舌の奥に注ぎ、軽くうがいをさせて、舌の奥のほうと軟口蓋を閉じる要領をつかませる。徐々に水の量を減らし、水を注がなくても舌の奥のほうと軟口蓋をとじる「カ」の正しい構音の仕方ができるようになる。

出典：湧井　1992をもとに筆者作成

6 専門機関との連携

発達障害を伴う構音障害、吃音を伴う構音障害など、機能性構音障害の指導・訓練だけでは改善しないタイプの構音障害もあります。この場合、担任はことばの教室の担当者や病院の言語聴覚士と連携して、多面的な視点で対応する必要があります。

吃音

1 ｜ G君のケース

　小学校4年生のG君のクラスでは、「福祉」をテーマに総合学習をしています。G君の班は「足が不自由な人の生活」を調べ、車いすの仕組みをG君が担当しました。G君は絵が得意なので、車いすの絵を上手に描き、仕組みの説明文もつくりました。

　明日の発表会を前にG君の班のメンバーは練習をすることにしました。自分の番が来たG君は話そうとしますが、「・・・ぼ・ぼ・ぼく・・は・・」となかなか声が出ません。いったん声が出ても「く、く、く〜るまいすのし〜くみを・・」と音を繰り返したり引き伸ばしたりします。こぶしで足をたたいて拍子を取りながら話そうとするG君を、班の友達は困った顔で見ています。

　それを見た担任の先生が「G君、話しにくそうですね。発表はほかの人に頼み、車いすの絵を持つだけにしたらどうですか？」と提案しました。するとG君は顔を真っ赤にして、うつむいてしまいました……。

2 | 吃音とは

　吃音とは、語音を繰り返す、語音を引き伸ばす、語音が詰まって出てこない（ブロック）といった症状のために、流暢に話をすることができない状態のことをいいます。

　吃音がある人は全人口の約1％で、女性より男性のほうが多いといわれています。

　吃音症状が出現する時期として最も多いのは、幼児期の2～5歳です。そして、幼児期吃音があった子どもの7～8割程度は、特別な指導・支援を受けなくても自然に吃音が消失するといわれています（自然治癒）。自然治癒率は年齢が上がるにつれて低くなりますが、自然治癒のメカニズムはわかっていないため、自然治癒するかしないかの予測はできません。

　吃音症状は調子がよいときと悪いときの波（変動性）があり、その周期には個人差があります。また、歌を歌うときやほかの人と一緒に本を読むときなどには、吃音が出現しにくいといわれていますが、出しやすい音、話しやすい場面などにも個人差があります。

　吃音の原因については、現在までにさまざまな理論が提唱されてきました。しかし、多くの学者による膨大な研究が行われているにもかかわらず、決定的な原因は未だ解明されていません。

3 | 特性とその理解

(1) 言語症状

　吃音の主な言語症状は次の3つです。

語音の繰り返し
　「お、お、お、おかあさん」「た、た、たまご」など

語音の引き伸ばし
　「お～～かあさん」「た～～まご」など

語音のブロック
「・・・・お・かあさん」「・・た・・まご」など

（2） 言語症状以外の症状や心理的な問題

言語症状以外に次のような症状や問題が生じることがあります。

随伴症状

まばたき、舌打ち、手や足で拍子をとる、足や身体を揺らすなどの動作が、話す前や話すときに出現することがあり、これを随伴症状といいます。

心理的な問題

吃音があることに対する、恐れ・恥ずかしさ・罪の意識・不安・絶望・孤立・自己否定などの感情をもつことがあります。

（3） 吃音の問題の理解

吃音氷山説

吃音症状は海面上に見えている氷山の一部に過ぎず、海面下に沈んで見えない心理的な問題が大きく隠されているということを示しています。

吃音症状
言語症状・随伴症状

心理的な問題
恐れ・恥ずかしさ・罪の意識・不安・絶望・孤立・自己否定など

【図10-6】シーアン（Sheean, J. G.）の吃音氷山説　　出典：小林・川合 2013をもとに筆者作成

言語関係図

ことばや随伴症状の重症度、聞き手の吃音に対する否定的態度、聞き手の反応に対して抱く本人の否定的感情が大きいほど、立方体の各軸の辺の長さが長くなり、体積（吃音の問題）が大きくなることを示しています。

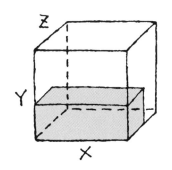

X軸：吃音症状（言語症状・随伴症状）

Y軸：吃音症状に対する聞き手の反応

Z軸：聞き手の反応に対する本人の反応

【図10-7】ジョンソン（Johnson, W.）の言語関係図　出典：小林・川合 2013をもとに筆者作成

> 吃音の進展

　吃音症状や心理的な問題は、時間の経過とともに変化していきます。一般的には、吃音症状は緊張を伴わない繰り返しや引き伸ばしから、随伴症状や緊張を伴う繰り返しや引き伸ばし、ブロックへと移行していきます。

　心理的な問題は、吃音を意識しないで話す状態から、吃音に対する恐れや不安をもち、吃音を隠したり話すことを避けたりする状態へと移行していきます。

　このように、吃音は単に吃音症状という話しことばの問題だけでなく、周囲の吃音の受け止め方の問題、周囲との関係性のなかで生まれる本人の心理的な問題などが絡み合っているという特徴をもっています。そのため、重い吃音症状があってもそれを肯定的に受け止め、日常生活に支障をきたすことなく過ごしている人が多くいる一方で、吃音症状は軽くてもそれを否定的に受け止め、話すことに不安を抱き、行動が消極的になるなど深刻な問題を抱えてしまう人もいます。

4　担任としての支援や配慮

(1) 専門機関への紹介

　「語音を繰り返す」「語音を引き伸ばす」「語音が詰まって出てこない」などの吃音症状があり、子どもや保護者がそれを気にしている場合は、ことばの教室や病院などの専門機関を紹介しましょう。

(2) 教室での配慮や支援

　吃音は治るか治らないかの見通しがもちにくいと先に述べました。ですから、学齢期においては、子ども自身が吃音についての正しい知識をもち、自信をもって自己表現する力や他者と良好にかかわる力を身につけることが大切です。

〈担任が吃音についての正しい知識をもつ〉

　担任が「吃音のある子にどう接していいかわからない」と不安を抱けば、子どもはその不安を察知します。担任が「すらすら話すことができなくてかわいそう」と思って接すれば、子どもは「すらすら読むことができない自分は劣っている」と感じてしまいます。担任自身が吃音について正しい知識をもち、吃音を肯定的に受け止めることがとても重要です。

〈話の内容に耳を傾け、評価する〉

　吃音症状が重くて苦しそうなとき、「ゆっくり話してごらん」「落ち着いて深呼吸してごらん」というような声かけはしないでください。あわてず待ち、最後まで聞きます。ことばの流暢性だけにとらわれるのではなく、話の内容に耳を傾けて理解することを心がけましょう。「G君は車いすの仕組みを詳しく調べてくれたので、初めて知ったことが多かったよ」と、本人の努力や内容を評価することばをかけてください。

〈ゆったり落ち着いたクラスの雰囲気をつくる〉

　担任自身、そしてクラス全体が普段から落ち着いて間を取りながら話す習慣をつけましょう。そして、人が話すのを最後までしっかり聞いて話の内容を理解するという、お互いを大切にし合うクラスの雰囲気をつくることで、吃音のある子どもも安心して最後まで話すことができるようになっていきます。

〈吃音についてオープンに話せる関係になる〉

　担任はG君に「発表するのはやめて、絵を持つだけにしたらどうですか」と提案しました。しかし、このような提案は、話すことから回避できてホッとする、話すことを否定されて悲しい、友達にささやき声で一緒に説明を読んでもらいたい、詰まっても一人で最後まで発表したいなど、そのときの子どもの吃音に対する感情や周囲との関係性によって、受け取り方が異なります。支援するつもりで言った担任の一言が、子どもを傷つけてしまう場合もあるのです。

また、音読や発表の場面では、ランダムに指名されたほうが話しやすい子どももいれば、順番に指名されたほうが話しやすい子どももいます。日ごろから本人と吃音についてオープンに話し、どんな場面で困るのか、困ったとき、どのような支援を希望するかなど、本人の思いを確認できる関係になっておくことが望まれます。

〈からかいやいじめを生まない〉

　周囲の子どものからかいは厳禁です。「どうして「ぼ、ぼ、ぼく」って言うの？」と素朴に疑問をもつ子もいます。そんなときは、「話し方は人それぞれ違います。わざと言っているわけではないので、話を最後まで聞きましょう」と説明するといいでしょう。吃音があるのは悪いことではないと周囲の子どもたちに繰り返し伝え、からかいやいじめに発展しないよう気を配ります。

〈自信をもたせ、自己肯定感を育む〉

　担任は本人に対して、発言の内容を評価したり、得意なことで力を発揮できる場面をつくったりして、自信をつけさせましょう。本人の自己肯定感につながるばかりでなく、周囲の子どもたちも本人の強みに注目することができます。

　また、思春期に「吃音がある自分」を肯定的に受け止められるかどうかは、アイデンティティ（自己同一性）の確立に大きな影響を及ぼします。本人の前向きな取り組みを認め励ます肯定的なかかわりが求められます。

5　特別な場での指導

　吃音は原因が未だ解明されていないことから、治療法も確立されていません。吃音症状や心理的な問題の軽減のため、ことばの教室の指導や、病院の言語室で言語聴覚士の訓練を受けることができます。ことばの教室や病院の言語室では、次のような指導や訓練を行っています。

（1）吃音症状への対応

直接法

　話し方に直接働きかける方法です。ゆっくり話す、音を伸ばしながら話す、

リズムをとって話す、そっとささやき声で話すなどの方法を練習して、なめらかな話し方を身につけていきます。音読時の吃音の軽減のために行われる「斉読法（誰かと声をそろえて読む）」は、学校でも活用できます。

> 間接法

　話し方に直接働きかけない方法です。遊びを通して心理的緊張や不安を解消したり、頭の中で自然な話し方をイメージしながら不安や緊張を取り除いたりする方法があります。

（2）環境への対応

　家族や教員がよい聞き手となるためのアドバイスを行い、吃音がある子どもが、話すことに苦手意識やストレスを感じることなく生活できるようにします。

（3）心理面への対応

　吃音について正しい知識を学び、自分の吃音との向き合い方・つきあい方を考えていくことにより、吃音のある子どもが「吃音は悪いもの」という否定的な感情をもたないようにしていきます。また、自分の強みを知り、自信をもって生活が送れるようにしていきます。

（4）その他の支援

　吃音のある子どもが集まって、食事作りやレクリエーション活動、演劇などの表現活動、吃音への理解を深める活動などを行う取り組みが全国各地で開かれています。成人の吃音者の集まり（セルフヘルプグループ）と交流をしている地域もあります。このような集いは吃音がある子どもにとって、自分が一人ではないことを実感し、自分を肯定的にとらえ、自分のもつ力を確認できる場となっています。

6 専門機関との連携

　吃音がある子どものなかには、発達障害や構音障害をあわせもつ場合があります。それぞれの障害の程度によって指導・支援の重点をどこに置くかが異なりますので、担任はことばの教室の担当者や病院の言語聴覚士と連携して、多面的な視点で対応する必要があります。

【引用・参考文献】

独立行政法人国立特別支援教育総合研究所HP「障害のある子どもの教育の広場」http://www.nise.go.jp/cms/13.html
藤田郁代監修、熊倉勇美・小林範子・今井智子編『発声発語障害学』医学書院、2010年
廣瀬肇監修、岩田誠・小川郁・立石雅子編『言語聴覚士テキスト　第2版』医歯薬出版、2011年
牧野泰美監修、阿部厚仁編『ふしぎだね!? 言語障害のおともだち』ミネルヴァ書房、2007年
文部科学省「特別支援教育資料～障害のある子供の就学手続きと早期からの一貫した支援の充実～」2013年
中川信子『健診とことばの相談』ぶどう社、1998年

- 構音障害

阿部雅子『構音障害の臨床──基礎知識と実践マニュアル』金原出版、2003年
独立行政法人国立特別支援教育総合研究所「言語障害教育における指導の内容・方法・評価に関する研究－言語障害教育実践ガイドブックの作成にむけて－」2010年
加藤正子・竹下圭子・大伴潔編『特別支援教育における構音障害のある子どもの理解と支援』学苑社、2012年
田口恒夫編『言語治療用ハンドブック』日本文化科学社、1968年
湧井豊『構音障害の指導技法──音の出し方とそのプログラム』学苑社、1992年

- 吃音

独立行政法人国立特殊教育総合研究所「課題別研究報告書　吃音のある子どもの自己肯定感を支えるために」2007年
伊藤伸二『吃音とともに豊かに生きる──両親指導の手引き書』NPO法人・全国ことばを育む会、2013年
伊藤伸二・吃音を生きる子どもに同行する教師の会編『吃音ワークブック──どもる子どもの生きぬく力が育つ』解放出版社、2010年
「吃音ポータルサイト」www.kitsuon-portal.jp/
小林宏明・川合紀宗『特別支援教育における吃音・流暢性障害のある子どもの理解と支援』学苑社、2013年
小林宏明『学齢期吃音の指導・支援── ICFに基づいた評価プログラム』学苑社、2009年

ウェブサイトの活用案内

全国公立学校難聴・言語障害教育研究協議会
http://www.zennangen.com/
全国の難聴・言語障害教室の活動に関する情報を発信しているサイト。主に研修会情報が確認できるほか、「教材の部屋」のコーナーでは、各地で開発されたことばの指導の教育資料を公開している。

COLUMN

ことば・こころ・からだ

　学齢期に「ことばの発達が遅れている」という子どもに出会うことがあります。ことばの遅れの原因は、発達がゆっくりなもの、難聴・知的障害・発達障害などによるもの、環境によるものなどさまざまです。そして、単にことばを教え込んだり、無理に言わせようとしたりする方法では、ことばを話し、ことばを使って円滑なやりとりができるようにはなりません。

　中川信子（1998）は、脳の仕組みとことばやコミュニケーションの発達を関係づけてわかりやすく説明しています。

　ことばを理解したりことばを話したりすることは、大脳の言語中枢がつかさどっています。そして、大脳は脳の基礎部分である大脳辺縁系や脳幹と連動しています。大脳辺縁系は「こころ」の働き、脳幹は「からだ」の動きをつかさどる部位ですから、「こころ」や「からだ」を育てることが「ことば」を育てることの基礎になっているのです。

　脳の仕組みとことばの発達とを重ね合わせたのが「ことばのビル」（右図）です。ことばを話す能力はビルの最上階。ビルの土台となる、「からだ」と「こころ」の基礎固めをしっかりやらなければ、最上階のことばの力は安定したものになりません。

　ことばが遅れている、コミュニケーションが苦手という子どもには、まず、「からだ」や「こころ」に視点を当て、規則正しい生活を送る、栄養バランスのよい食事をとる、たっぷり遊ぶ、気持ちを通わせる、などを十分に満たしてやることが、ことばの発達を促すことにつながるといえるのです。

第10章　言語障害の理解と支援

出典：中川信子『発達障害とことばの相談——子どもの育ちを支える言語聴覚士のアプローチ』
小学館、2009年、p. 81

第11章

視覚障害の理解と支援

1 H君のケース

　H君は小学校4年生。教壇前の最前列の席に座っている男の子です。
　授業が始まると、教科書に額と鼻を擦りつけるように近づけて見ています。教科書の指名読みでは、つかえたり、漢字を誤って読んだり、一文字一文字たどたどしく読んだりで大変時間がかかりますが、いつも一生懸命に取り組んでいます。見づらそうなので、眼鏡をかければもっとよく見えると担任は思い聞いてみましたが、眼鏡をかけても視力は変わらないそうです。
　市教育委員会に申請して無償給与された拡大教科書がH君のお気に入りです。

　一番前の席でも黒板の文字が読みにくそうで、特別な望遠鏡（単眼鏡）を使っていました。でも、友達にからかわれてからは使わなくなってしまいました。そこで先生は、黒板にはできるだけ大きな文字を書くようにし、見えなければ黒板の前に出てきてもよいと伝えましたが、H君は前に出て見ようとはなかなかしません。

休み時間は元気で活発なH君です。でも、晴れた日の校庭はまぶしいようで、特別なサングラス（遮光レンズ）をかけるのですが、友達はそれを興味深そうに見ています。教室でもテレビやプロジェクターの光は強すぎて、見えにくいので苦手です。

※視覚障害のある子どもの見え方は一人一人違っており、明るいほうが見やすく、暗いと見づらくなる場合もあります。

H君は、自分から「見えない」とか「見づらい」などと訴えることがほとんどありません。友達は「見えている」「わかっている」ものとしてH君に接するため、ときに行き違いが生じるのですが、H君は見える仲間として接してもらいたい様子で、特別扱いを嫌がります。でも、廊下ですれ違ってもあいさつしなかったり、教科書を極端に近づけて見たり、特別な道具を使ったりするH君を、周囲の友達はなかなか理解できないままでいます。

担任の先生はH君にどのように接していけばいいのか、途方に暮れていました。担任も近視があり、見づらさを理解しているつもりでしたが、眼鏡をかけてもよく見えないことが不思議に思えました。授業中の様子からも見るのが難しそうなのですが、H君は「見えにくい」とか「見えない」とけっして言わないのです。漢字のテストでは、点画が足りなかったり、形やバランスが整わなかったりで、良い点が取れないH君を先生は「力が足りない」「努力が足りない」と感じています。

2 視覚障害とは

視覚障害は眼球や付属器官に生じた病気、変調、傷害などに伴う、①眼鏡などの光学的矯正によっても回復不可能で永続的な視機能（視力・視野・色覚・光

覚・眼球運動・調節・両眼視など）の障害、②歩行やコミュニケーション、身辺処理などの活動制限、③社会生活における参加の制約、のある状態の総称です。

　これらの状態は、視覚障害のある児童生徒自身の状況（個人因子）や児童生徒を取り巻く環境の状況（環境因子）などの背景因子によって、改善・悪化など変化しうると考えられています。

　特別な教育的支援が必要な児童生徒の視覚障害の程度は、学校教育法施行令第22条の3に「両眼の視力がおおむね0.3未満のもの又は視力以外の視機能障害が高度のもののうち、拡大鏡等の使用によつても通常の文字、図形等の視覚による認識が不可能又は著しく困難な程度のもの」と規定されています。なお、両眼の視力とは、眼鏡やコンタクトレンズで屈折異常を矯正した両眼を用いた状態の視力を指しています。

　18歳未満における視覚障害の状況について、2016（平成28）年の厚生労働省の実態調査では、全国に5,000人程度の視覚障害児の存在が推計されています。この値は人口1万人あたり約2人に相当します。2017（平成29）年に文部科学省が小・中学校の通常の学級に在籍する、学校教育法施行令第22条の3に該当する視覚障害のある児童生徒を調査した結果、その数は129人（小学校が75人、中学校が54人）となりました。このほか、特別支援学校や特別支援学級、通級による指導において専門的な教育を受けています。

　視覚障害の原因は先天素因・外傷・全身病などであり、学齢児の視覚障害原因では先天素因が最も多く、約5割を占めています。

　視覚障害は**盲**と**弱視**に分類されます。教育的観点からは、学習手段にもとづいて盲と弱視を分類します。

　　盲……点字を常用し、主として触覚や聴覚などの視覚以外の感覚を用いて学習する必要のある状態。
　　弱視……普通文字（活字）を用いた学習が可能であるが、文字の拡大や拡大鏡の使用などの特別な配慮のもとに学習する必要のある状態。

3 特性とその理解

(1) 弱視児の視覚認知の特性

　視覚は認知発達の基礎となります。外界に興味・関心を向けるうえで視覚が果たす役割は大きく、弱視児が視覚を通して外界の魅力に気づき、外界へ働きかけはじめるために、「見る力」の育成が不可欠です。

　弱視児の見え方にはいろいろな側面があります。香川（2016）はそれらを次のように分類しています。

①ピントが合わずに、ぼやけて見えるピンボケ状態
②曇りガラスから見るような混濁状態
③まぶしくて目があけられない暗幕不良状態
④明かりが足りずよく見えない照明不良状態
⑤目が揺れてしまって視線が定まらない振とう状態
⑥視線を向けたところが見えない中心暗点状態
⑦見える範囲が狭い視野狭窄状態

　これらの見え方が単独で存在する場合とともに、いくつかの見え方が重なっている場合もあります。その結果、細部の違いが見えないために、たとえば木の葉はどれも同じに見え、漢字は正しく書き写すことが難しくなります。

　また、遠くのものはよく見えず、知り合いとすれ違っても気がつかなかったり、場所を間違えたりしがちです。動きが速い虫や動物は姿が見えません。大きな建物は全体像の把握が難しく、部分部分の把握にとどまりがちです。

　そのうえ、眼を近づけたり、レンズなどで拡大したりして見た場合には、対象を分割して見ることになり、まとまりとしての理解が難しくなります。

　環境の状態によっても見え方に変化が起こります。たとえば、昼間明るい場所ではとくに困難がなくても、夕方や夜に暗くなると見えにくさが増して読書や歩行が難しくなり、支援が必要になることがあります（夜盲）。逆に、薄暗い部屋のなかでは支障なく本が読めても、明るい屋外ではまぶしすぎて見えないこともあります。そのため、弱視児一人一人について、その見にくさの状態をいろいろな場面で確認することが大切です。

　なお、弱視児が示すこのような特徴から、視覚障害のない児童生徒と比較すると、さまざまな学習場面で長い時間の確保とていねいな指導が必要となりま

す。漢字や図形の細部を誤って覚えたり、理科の実験などで参加したがらなかったりするのは、学力が低かったりなまけているわけではなく、多くは見にくいことに起因しているのです。

（2）視覚障害児の触覚の特性

　視覚障害児、とくに盲児が点字や図形を正しく認識するためには、上手にさわる能力が必要です。点字触読では「指の上下動の少ない、触圧の軽い、左から右への滑らかな手指運動」が上手に読む条件となります。図形認識でも、指先で図形をたどり、その形を頭の中にイメージするために、上手なさわり方が重要な役割を果たします。

　佐藤（1988）は、視覚と比較した際の**触覚の特徴**を「①情報の把握範囲が狭い、②情報収集が継時的である、③情報収集に時間がかかる、④大きすぎるもの（山や海、建物など）や小さすぎるもの（アリなどの昆虫など）、複雑すぎるものの把握が難しい、⑤直接さわれないもの（壊れやすいもの、動くもの、光、さわると危険なもの）は把握できない。」と述べています。

　こうしたことから、触覚にもとづく情報収集では、積極的・能動的に、巧みに手指を動かすことが不可欠なのです。

（3）視覚障害児に特徴的な行動

　視覚障害のない児童生徒にもしばしば、指吸いや体幹の揺さぶり、机をコツコツ叩く、手をパタパタ動かすなどの行動（常同行動）が現れますが、これらは一過性の傾向にあります。佐藤（1988）は、視覚障害児はこれらの常同行動とともに、「目押し、光凝視、光の方を見ながら眼前で手指をぶらぶら動かすなど、ブラインディズム（blindism）と呼ばれる独特の行動を示す。」と述べています。

　人間の視覚中枢の完全な発達には、豊富な、バランスのよい、適切な環境刺激が欠かせません。眼が見えなかったり、見えにくかったりする場合には、脳が「自己刺激」して成熟を促そうとすることが、視覚障害児に認められるいくつかの常同行動（目押し、光凝視など）の原因と考えられています。なお、視覚障害児の常同行動の原因を、すべて視覚障害に帰するべきではありません。知的障害や情緒的な問題の存在などの確認が必要です。

4 担任としての支援や配慮

(1) 学級担任や教科担任の支援や配慮

　視覚障害のある児童生徒への適切な支援は、彼らの発するサインに学級担任や教科担任が気づくことから始まります。教科書に顔を必要以上に近づけたり、頭を傾けて横目使いをしたり、光を極端にまぶしがったりなど、サインはさまざまです。

　また、極端に漢字の書き間違いが多いことや、教科書の指名読みに長い時間を必要とするなども一つのサインになります。そのサインが「いつ」「どこで」「どのようなとき」に出されるかを観察し、課題となるつまずきや困難などの様子を正確に把握することが大切です。

　具体的な支援・配慮は後述しますが、「担任としてどのような対応や支援をしたか」「対応や支援を行ったときの子どもたちの反応はどうだったか」などの記録も大切です。この記録を校内委員会や「個別の指導計画」などの作成の際に活用します。なお、教科担任が最初にサインに気づいた場合は、学級担任に連絡し、互いに連携をとり合います。

　加えて、視覚障害のある児童生徒の保護者の理解と連携も、心がけたい事柄の一つです。保護者に自校の特別支援教育体制について十分理解してもらうとともに、学校や家庭で必要とされる支援や配慮事項について、保護者と連携して進めていくことが重要だからです。その際、眼科医の診断を仰ぐなど医療的な対応が必要となった場合には、保護者の理解のもと情報の収集に努めます。

(2) 弱視児童生徒のニーズとその支援・配慮

読み書き

　文字の読み書きは、国語としての学習だけでなく、その他の教科の学習においても基礎となります。ひらがな、カタカナ、漢字、数字などは読み書きの基本となりますが、弱視では正確に覚えるのが難しい場合があります。一文字一文字は読めても、文章を読むには時間がかかることもあります。

　また、鉛筆を持ち、思うところに書き込むことも難しい場合があります。さらに、漢字の筆順を見て覚えることが難しく、バランスよく書くことにも難しさがあります。

このほか、板書の書写、地図や辞書の利用、作図、理科の実験、実技教科や体育、スポーツ大会、修学旅行、定期試験など、弱視児童生徒のもつ特別なニーズはたくさんあります。

これらのニーズへの支援・配慮として、以下のようなことがあります。

①**拡大教科書**や拡大写本のほか、拡大教材や**弱視レンズ**や**拡大読書器**などを用いた網膜像の拡大（※拡大教科書と拡大写本は、各学校から市区町村教育委員会に申請を行えば、文部科学省検定済教科書に代えて無償給与される。）
②地図や図表の単純化やノイズの除去
③図と地のコントラストの増強や白黒反転
④色彩の強調や除去
⑤照明の工夫
⑥携帯情報端末などのICT（情報通信技術）やデジタルカメラ、ビデオカメラなどの利用
⑦時間の延長や代替手段の工夫（体育・定期試験など）

このような周囲の理解と配慮によって不可能であったものが可能となることもあります。その際、学習の効率や疲労度、見る意欲を引き出す工夫などについても考慮が必要です。

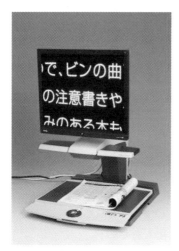

卓上型拡大読書器

携帯型拡大読書器

協力：株式会社タイムズコーポレーション

第11章 視覚障害の理解と支援

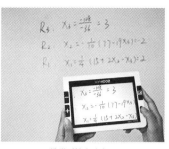

携帯型拡大読書器
協力：株式会社タイムズコーポレーション

弱視眼鏡（がんきょう）
協力：株式会社朝倉メガネ

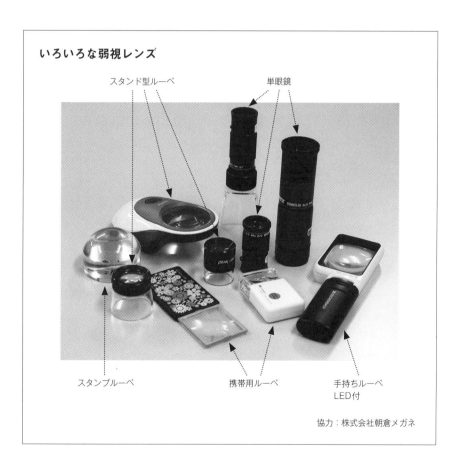

いろいろな弱視レンズ

スタンド型ルーペ　　単眼鏡

スタンプルーペ　　携帯用ルーペ　　手持ちルーペ LED付

協力：株式会社朝倉メガネ

歩行

弱視児童生徒が学校内を歩く際には、教室の表示が見にくい、掲示板が見えない、トイレの表示が見にくい、階段や段差につまずく、友達や障害物、ドアにぶつかる、集団行動時にグループを見失う、すれ違ってもあいさつができない、待ち合わせが難しいなどの困難があります。

遠用弱視レンズ（単眼鏡）の利用など、弱視児童生徒自身による工夫や対応と同時に、表示文字の拡大や表示位置・色・コントラストの工夫、音声表示の併用、廊下の右側通行の徹底など環境を整備することが有効です。

日常生活・コミュニケーション

弱視児童生徒は、どのくらい見えるのか、どんな支援が必要なのかが一人一人異なっています。

ところが、弱視児童生徒のなかには自分がどのように見えにくさをもっているのかを知らなかったり、見えにくいことを知られたくないと思っていたりすることも多いものです。見るために必要な弱視レンズや遮光レンズなどの弱視補助具も、友達から特別視されるのを嫌がり、使うのを躊躇する光景も見受けられます。

そのため、弱視の児童生徒本人が自己の障害を的確に認識し、具体的な場面で自ら見にくさに対処し、それを改善する力をもつことを促す指導が必要です。広くクラスメイトや保護者、教員の理解を促す啓発活動も助けとなります。

（3）盲児童生徒のニーズとその指導

文字・図形処理

視覚を活用できない場合、活字文字の代わりに**点字**が利用されます。外国語、数学記号、理科記号、楽譜なども点字による表記があります。点字は、点字盤と点筆を用いて点字紙に書かれるほか、点字タイプライターや点字ディスプレイ、点字携帯端末などで利用されています。

図表やグラフ、地図などの図形も、点字と同じような凸表示や、立体コピーやコンピュータなどを用いた触覚的表現が可能です。教科書のほか、教材・教具や試験の点訳やテキストデータの提供、触覚資料も準備すると役立ちます。

歩行

盲児童生徒の歩行といえば、**白杖歩行**（はくじょう）が一般的です。歩行用の設備として視覚障害者誘導用ブロック（点字ブロック）があります。点字ブロックはその有効性が確認されているので、学校内に敷設すると役立ちます。

日常生活・コミュニケーション

盲児童生徒は自分に話しかけられているのかを視覚的に確かめることができないため、話しかけるときには、まず盲児童生徒の名前を呼んでから自分の名前を伝えるようにします。

盲児童生徒は話しかけるタイミングや話す内容、声の大きさなどを周囲の状況に合わせて調整することが難しい場合もあります。そこで、周囲にいる先生や友達が積極的に話しかけ、会話のきっかけを提供するといいでしょう。

会話中は、目が見えないことを気遣うあまり話題を制限しがちですが、色や風景、服装などのほか、テレビや映画のことも話題にしてかまいません。また、手で触れるものは積極的にさわらせて確かめさせたり、さわることができないものや遠くにあるものについては言葉でわかりやすく説明したりすれば、十分理解できます。

5 特別な場での指導

通級による指導では、通常の学級において視覚障害に留意しながら小・中学校に準ずる教育を行うとともに、特別な場に通級して指導が行われます。視覚障害に対応できる特別な場はいずれの都道府県においても少ないことから、弱視通級指導教室ばかりでなく、特別支援学校（視覚障害）や弱視特別支援学級でも指導・支援の体制を整えている場合があります。

そこでは、視覚認知や眼と手の協応、視覚補助具の活用などの指導のほか、国語の新出漢字や文章の読み書きの指導、算数・数学の図形や表・グラフの読み取りや作図の指導、社会科の地図の読み取り指導や見やすい地図の提供などが行われています。

また、理科の実験・観察や家庭科の実習、体育の実技など、見にくいがゆえに主体的な取り組みが不足しがちな内容に関する、補充的な指導も行われます。

6 専門機関との連携

　教育上の特別な配慮事項や指導・支援方法については、視覚障害の児童生徒にかかわる学校外の機関、とくに教育委員会などに設置される専門家チームや巡回相談員の活用、近隣の特別支援学校や医療・保健・福祉・労働機関などとの連携が有効です。

　そのほか、前述の特別な場（特別支援学校（視覚障害）や小・中学校の弱視特別支援学級、弱視通級指導教室）の教員との連携から、弱視レンズなどの活用方法や教材・教具の工夫など実際の授業に生かせる多くのアドバイスなどが得られます。

　医療的な専門機関から得られる情報としては、眼疾患や視機能の状態、視覚補助具の適用、学校生活上、注意すべき事項などがあります。保護者の理解のもと、かかりつけの眼科医の診断・処方や視能訓練士*による検査結果などの情報を収集し、理解に努めます。

　視覚障害のある児童の眼疾患の多くは、状態が急激に悪化することは少なく、見え方の変化もあまりない、もしくはゆっくりしています。そのため、視覚障害児童生徒の眼疾患自体に気を配る機会は少ないといえますが、一般にこうした子どもの眼は脆弱で衝撃に弱く、ボールがぶつかったり、子ども同士で衝突したりした折に、眼球破裂や網膜はく離などの危険が生じやすいのも確かです。こうした事故の予防に努めるとともに、万が一の場合には迷わず校医や児童生徒のかかりつけの眼科医に連絡をとる必要があります。

*視能訓練士

1971（昭和46）年に制定された「視能訓練士法」にもとづく国家資格をもった医療技術者です。眼科で医師の指示のもとに視能検査（視力、視野、屈折、調節、色覚、光覚、眼圧、眼位、眼球運動、瞳孔、涙液、涙道などの検査のほか、超音波、電気生理学、写真撮影検査などがあります）を行うとともに、斜視や弱視の訓練治療にもたずさわります。

【引用・参考文献】

猪平眞理編『視覚に障害のある乳幼児の育ちを支える』慶應義塾大学出版会、2018年
香川邦生編『五訂版　視覚障害教育に携わる方のために』慶應義塾大学出版会、2016年
香川邦生・千田耕基編『小・中学校における視力の弱い子どもの学習支援――通常の学級を担当される先生方のために』教育出版、2009年
柿澤敏文「全国視覚特別支援学校及び小・中学校弱視特別支援学級児童生徒の視覚障害原因等に関する調査研究――2015年調査―報告書」筑波大学人間系、2016年
厚生労働省「平成28年生活のしづらさなどに関する調査（全国在宅障害児・者等実態調査）結果」2018年
宮本信也・竹田一則編『障害理解のための医学・生理学』明石書店、2007年
文部科学省「特別支援教育資料（平成29年度）」2018年
佐藤泰正編『視覚障害心理学』学芸図書、1988年
氏間和仁『見えにくい子どもへのサポートQ&A』読書工房、2013年

ウェブサイトの活用案内

文部科学省　拡大教科書などの教科用特定図書等にかかわるページ
http://www.mext.go.jp/a_menu/shotou/
[教育]→[小学校、中学校、高等学校]→[教科書]→[教科用特定図書等（拡大教科書、点字教科書、音声教材）]
文部科学省検定済教科書に代えて使用し得る教科用拡大教科書などの教材について、その制度や市販拡大教科書などの情報がまとまっている。

COLUMN

視覚障害者の歩行と読み書き

歩行とその指導

　視覚障害のある人の歩行といえば、白杖歩行が一般的です。このほか、晴眼者（視覚に障害のない人）による手引き歩行、盲導犬歩行などがあります。これらのうち簡便性や経済性などの観点から、最も多く利用されているのは白杖歩行です。

　白杖には、①身体を防御する機能、②先端で道路等の状況を探索する機能、③携行者に視覚障害があることを示す機能という3つの機能があります。

　これらの機能を十分活用するためには、白杖操作技能の習得とともに、環境認知のための聴覚・嗅覚・固有感覚など保有する感覚の活用、自己の空間的位置づけと目的地までの地図の理解、歩行コースのイメージ化とコース選択能力、ほかの人からの情報提供や援助依頼能力などが必要となります。早期から視覚障害が認められた子どもを対象として、主に特別支援学校（視覚障害）において、段階的に歩行指導が行われています。

　また、図のような点字ブロックも歩行の助けになります。

点状ブロック　　線状ブロック
警告／止まれ　　誘導／進め

点字の読み書き

　視覚障害のある人の読み書きといえば、点字が思い浮かぶでしょう。点字は、パリ盲学校のルイ・ブライユ（Loius Braille, 1809－1852）が1825年に、世界初の6点点字を開発しました。このブライユの6点点字を基礎にして、日本語の50音表記に対応する体系を官立東京盲唖学校の教員・生徒が検討を進め、1890年に同校教員の石川倉次（1859－1944）の案が採用され、現在の「日本点字」の基礎が確立されました。

　点字は6つの点の組み合わせで、かな、数字、アルファベット、各種文章記号、数学記号、理科記号、楽譜などを表すことができます。下の一覧は点字の50音表です。

　点字の単位を「マス」と呼び、1マスは6点で構成されます。6点は左上から「1の点」「2の点」「3の点」、右上から「4の点」「5の点」「6の点」と呼ばれています。たとえば、「あ」は「1の点」で、「か」は「1の点」と「6の点」で表します。

第12章

聴覚障害の理解と支援

1 Iさんのケース

　Iさんは中等度の聴覚障害で、補聴器をつけている小学校3年生の女の子です。教室では一番前の席に座っています。
　1時間目の算数の授業が始まりました。Iさんはじっと先生の顔を見ています。先生が「わかりましたか？」「だいじょうぶかな？」と聞くと、「うん、うん」とうなずきながらニコニコしているので、そのまま授業を続けました。

　教科書の問題を解いていると、Iさんの隣の席のZ君から「まねしないでよ」という声が上がりました。先生がZ君に事情を聞くと「Iさんがジロジロ見てまねをする」というので、よそ見をしないようにIさんに注意をしました。Iさんは「はい」と返事をしたものの、なんだか落ち着かない様子です。先生がほかの子どもの様子を見て戻ってくると、Iさんのノートは真っ白。「ここをやって」と教科書を指すと、初めて問題に取りかかりはじめました。

2時間目は理科の授業です。グループに分かれて身近にいる昆虫について話し合いをします。Iさんのグループも話し合いが始まりましたが、Iさんはキョロキョロするばかりで、話し合いに参加できていないようです。友達が話しかけても、「そうだね」「うん、うん」とうなずくばかりで、Iさんは自分の意見を一言も話さないまま、話し合いは終わってしまいました。

話し合いのあと、昆虫観察に出かけるために、先生が「紙を持って廊下に並びなさい」と指示すると、Iさんは網を持って廊下に出てきました。「紙（kami）」と「網（ami）」を聞き間違えたようです。

休み時間。クラスの子どもたちはドッジボールをするか、サッカーをするか相談をしていますが、Iさんは気づいていないようです。校庭へ出る間際に、子どもたちが教室の後ろの入口から「Iさん、ドッジボールやるよ！」と何度か誘いましたが、Iさんは振り向きません。誘った子どもたちはIさんが返事をしないことに怒って、そのまま校庭へ行ってしまいました。Iさんは、友達が遊びの相談をしていたことにも、自分を遊びに誘ってくれたことにも気づかなかったようです。このようなことが続き、Iさんが教室で一人本を読んでいる姿を目にすることが多くなりました。

担任の先生は、Iさんとどのようにコミュニケーションをとったらよいのかとまどっています。Iさんはお話も上手で、先生と二人でのコミュニケーションに難しさを感じることはほとんどありません。しかし、授業中の指示や子ども同士のコミュニケーションのなかでは、話した内容がIさんにうまく伝わらないことがたびたび見られます。また、Iさんがクラスで孤立し、友達関係もうまくいっていない様子も、とても気になっています。

2 聴覚障害とは

聴覚障害とは、聴覚の構造や機能が十分に機能せず、音声が聞き取りにくい状態、あるいは聞き分けにくい状態のことをいいます。生まれつき聴力に障害がある子どもが生まれる確率は、1,000人に1～2人であり、聴覚障害の子どもの90％は、聞こえが正常な両親から生まれるといわれています。

聴覚障害の原因は、遺伝的な要因のほか、聴覚機能の奇形や感染（風疹、サイトメガロウィルス感染、トキソプラズマなど）、早産、出生後の頭部外傷、幼少期の感染症（髄膜炎、麻疹、水痘など）、耳毒性薬物、中耳炎、メニエール病、騒音、加齢などがあげられます。また、新生児聴覚スクリーニングの実施により、先天性の重度の聴覚障害だけではなく、軽度から中等度の聴覚障害も早期に発見することが可能となっています。

（1）聞こえの仕組み

外耳から大脳の聴覚中枢までの聞こえの仕組みを聴覚機構といいます。

「音」は空気の振動です。その空気の振動が外耳道を通り、鼓膜を振動させ、耳小骨（ツチ骨・キヌタ骨・アブミ骨）によって増幅され、効率的に内耳へと送られます。内耳へ送られた振動は、蝸牛で電気的信号に変換され、聴神経を経て大脳皮質の聴覚野に到達し、初めて音声として認識されます（図12-1）。

それぞれの器官の機能の特徴から、音を物理的振動として伝達する外耳から中耳を**伝音系**、物理的振動を電気的信号に変換して脳へ伝達する内耳以降を**感音系**と呼びます。

＊遺伝以外の難聴の原因

薬物や病気などによっても難聴が引き起こされる場合があります。たとえば、結核の治療に用いられる抗生物質のストレプトマイシンやカナマイシンなど、病気の治療に使用する、ある種の薬物（耳毒性薬物）が難聴を引き起こす要因として知られています。また、急性中耳炎（耳管経由で中耳が細菌に感染して起こる中耳炎）、滲出性中耳炎（鼓膜の奥に液体がたまる中耳炎）、真珠腫性中耳炎（真珠腫といわれる耳あかなどの塊が内耳や神経を破壊する病気）なども難聴の要因となるため、きちんと治療を受けることが大切です。しかし、すべての難聴の原因が明らかになっているわけではなく、原因がわからないものもあります。

第12章 聴覚障害の理解と支援

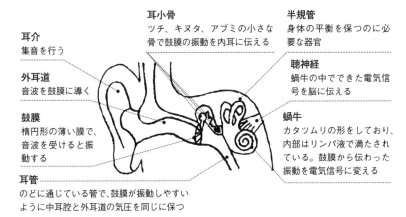

耳介
集音を行う

外耳道
音波を鼓膜に導く

鼓膜
楕円形の薄い膜で、音波を受けると振動する

耳管
のどに通じている管で、鼓膜が振動しやすいように中耳腔と外耳道の気圧を同じに保つ

耳小骨
ツチ、キヌタ、アブミの小さな骨で鼓膜の振動を内耳に伝える

半規管
身体の平衡を保つのに必要な器官

聴神経
蝸牛の中でできた電気信号を脳に伝える

蝸牛
カタツムリの形をしており、内部はリンパ液で満たされている。鼓膜から伝わった振動を電気信号に変える

【図12-1】聞こえの仕組み　　　　　出典：白井・小網・佐藤 2009を一部改変

(2) 聞こえの障害の様相

聞こえの様相は、どの部位が十分に機能していないのか、どのような程度の音が聞こえるのかなどによって異なります。

聞こえの程度

どの程度の音が聞き取れるかによって、正常・軽度難聴・中等度難聴・高度難聴・聾に分類されます。

【表12-1】聴覚障害の程度と音の大きさ

分類	聴力レベル	音声に対する反応	日常生活の音(例)
正常	30dB未満	・普通の会話は問題なく、ささやき声まで完全に聞き取れる	人の心臓の音、ささやき声、深夜の郊外
軽度難聴	30dB以上〜50dB未満	・静かな会話が聞き取れなかったり、間違えたりする ・テレビの音を大きくする	新聞をめくる音、こおろぎの鳴き声(最大音)、静かな事務所や図書館
中等度難聴	50dB以上〜70dB未満	・普通の会話が聞きづらい ・自動車が自分の近くまで来て初めて音に気づく	普通の会話、静かな車の中
高度難聴	70dB以上〜100dB未満	・大声でも正しく聞き取れない ・商店街などの大きな騒音しか聞こえない	大声の会話、セミの鳴き声、電車の中、電車の通るガード下
聾	100dB以上	・耳元での大声も聞きづらい ・日常音はほとんど聞き取れない	自動車の警笛、飛行機のジェット音(130dB以上は耳が痛くなる)

筆者作成

個々の聞こえの様相を表すグラフが**オージオグラム**です（図12-2）。オージオグラムからは聞こえの様相だけではなく、難聴の種類や補聴器フィッティング（調整の状況）を知ることができます。

オージオグラムの縦軸は「音の強さ（dB：デシベル）」で、数値が上がるほど大きい音を表します。聴覚機構が正常に機能している人の聴力の平均は0dBとされ、日常生活のなかでの会話は60〜70dB程度といわれています。

それに対して、オージオグラムの横軸は「音の高さ（Hz：ヘルツ）」です。数値が上がるほど高い音であることを表しており、太鼓は250Hz程度、ホイッスルは2,000Hz程度、リングベルは4,000Hz程度といわれています。また、日本語の会話音域は500〜2,000Hzとされています。

オージオグラムに記載されている平均聴力レベルとは、人の会話に必要な500〜4,000Hz間の聴力の値をもとに算出されるもので、おおよその聞こえの程度を表しています。

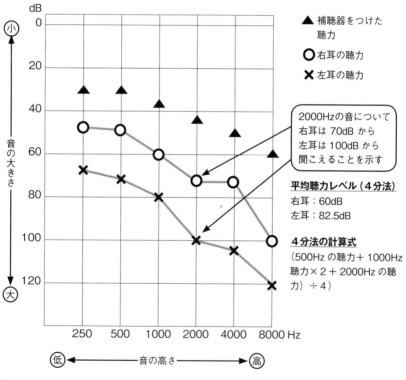

【図12-2】オージオグラム

出典：白井・小網・佐藤 2009を一部改変

障害を受けた聴覚機構の部位

　伝音系がうまく機能しない聴覚障害を**伝音難聴**といいます。伝音難聴は、手や耳栓で耳をふさいだように音が小さく聞こえ、高度あるいは重度の難聴になることはないといわれています。

　一方、感音系がうまく機能しない聴覚障害は**感音難聴**と呼ばれ、音が小さく聞こえるだけではなく、音がゆがんで聞こえるといわれています。そのため、補聴器や人工内耳で音を増幅しても聞き取りに難しさが残ります。

（3）補聴器と人工内耳

　聴覚障害のある子どもの音声言語情報の制約を軽減するために、**補聴器**や**人工内耳**を活用することができます。

　補聴器とは、マイクを通して集めた音をアンプで増幅し、スピーカーで音を発生させる機器です。最近では雑音を減衰する機能や前方の音声を拾いだす指向性の機能をもつ補聴器など、その機能も日々進歩しています。

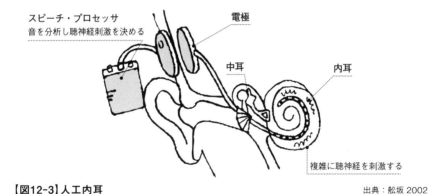

【図12-3】人工内耳　　　　　　　　　　　　　　出典：舩坂 2002

　人工内耳は蝸牛に埋め込んだ電極で聴神経を刺激し、中枢で音を感じさせる機器です。人工内耳の装用には外科的な手術が必要です。聴覚障害の状態などを慎重に検討して装用するものですので、誰もが手術を受けて活用できるものではありません。

（4）コミュニケーション

　聴覚障害の子どもの聞き取りに対して重要な働きをするのが補聴器や人工内耳です。しかしながら、補聴器や人工内耳の活用は、聞こえる子ども同様の聞

こえを補償するものではないということも理解する必要があります。

その聞こえ方の模式図をまとめたものが表12-2です。聴覚障害の子どもは、補聴器や人工内耳を効果的に活用できていても、高音が聞き取りにくい傾向があり、とくに無声子音（タ行、サ行、パ行、カ行、ハ行など）の聞き取りが難しいのが現状です。スムーズかつ確実に伝え合うためには、複数のコミュニケーション手段を組み合わせることも必要です。

【表12-2】聴覚障害者の聞こえの様相

実際の音の状態	聞こえる人	補聴器や人工内耳を活用する聴覚障害の人	
		かなりできる人	困難な人
あ	あ	あ　小さい音は拾いにくい	聞こえない
あ	あ	あ　感音性難聴では、音が明確に脳に届かないことが多い。	あ
雑音　あ	あ　脳の働きにより雑音を低減させ、必要な情報を拾い出して聞く。	あ　雑音を低減させ、必要な情報を拾い出して聞くことが難しい（補聴器や脳の働きの「限界」による）。	あ
SI TI HI KI	SI TI HI KI	SI TI HI KI　「S」や「H」の部分は高音なので、聴覚障害が軽度でも聞き取りにくい。重度の場合は、母音部「I」も聞き取りにくい。	SI TI HI KI

出典：脇中 2009 を一部改変

読話

　読話は、話し手の口の動きを見て、ことばを読み取る方法で、補聴器や人工内耳の活用のときだけではなく、手話を使用するときにも使います。しかし、「たばこ」と「たまご」、「おじいさん」と「おにいさん」、「七（しち）」と「一（いち）」などのように、口形が同じことばの読み取りは難しく、読話だけですべてのことばを理解することはできません。

筆談

　文章に書いて伝える筆談も確実に伝える方法の一つです。できるだけ短文で、二重否定や比喩などのまぎらわしい表現は避けるなどの工夫をすると、より伝

わりやすくなります。場合によっては、文章に書き起こさなくても、キーワードを示すだけでもわかりやすくなります。紙がない場合には、手のひら書きや空書きという方法もあります。

手話・指文字

そして、聴覚障害の子どもにとって重要なコミュニケーション手段の一つが**手話**や**指文字**です。

手話には**日本手話**と**日本語対応手話**、中間型手話があります。「日本語対応手話」は日本語の文法に沿って日本語を手指化したもので、「日本手話」は日本語と異なる独自の文法体系をもち、聴覚障害の方が昔から使ってきた手話です。「中間型手話」は、「日本手話」と「日本語対応手話」が入り交じった手話です。どのような手話を使用するのかは個々によって違います。

一方、指文字とは日本語の五十音に対応しているサインです。手話単語で表現できない語などは指文字で表すことができます（図12-4）。

今まであげた方法のほかに、身振りやジェスチャー、iPadのようなタブレットコンピュータもコミュニケーション手段の一つとして活用できます。いずれの手段を使用するにしても、聴覚障害の子どもに伝わっているかという点に注意を払いながらコミュニケーションを進めることが大事です。

【図12-4】日本の指文字の一部

3 特性とその理解

(1) 書きことばの発達

音声情報の制約により、聴覚障害の子どもは書きことばの習得に難しさがみられることがあります。一般的に、習得語彙数が少ない、多義的な意味が理解しづらい、助詞などの誤用が多い、複雑な構造の文章を書くことと理解することが難しい、漢字の読み誤りが多い、作文の内容が事実の描写にとどまるなどが指摘されています。また、「耳学問」といわれるような、耳で聞いて得る知

識や情報が伝わりにくいといえます。

（2）学力

（1）の書きことばの習得とあわせて、学習の難しさもみられます。とくに読解や数の概念、抽象性の高い論理的な内容を理解することが難しく、学年が進むにつれて、聞こえる子どもとの学力の差が大きくなるといわれています。聴覚障害教育においては、このような難しさを**9歳の峠（壁）**と表現します。

最近では、聴覚障害の子どもだけなく、この時期に学力不振の子どもが増えているとの指摘もありますが、聴覚障害の子どもも小学校中学年ごろから学習への課題が顕著となります。この「9歳の峠（壁）」を乗り越えると、因果関係の理解や論理的な思考、記号の操作が可能となり、本格的な教科学習が可能となるといわれています。

また、書きことばの充実・拡充が学力にも大きな影響を及ぼすことから、書きことばの基礎となる話しことばにも留意した指導が行われます。

（3）社会性

コミュニケーション関係がうまく築けないことなどから、友達間のトラブルも生じやすく、自信を失ったり自尊心を傷つけられたりして、社会的適応に影響が及ぼされる場合があります。「聞こえないという特徴がある自分を肯定的にとらえること、あるいは聞こえる周囲に対する認識」のことを**障害認識**といいます。聴覚障害の子どものなかには、このような障害認識をもちにくい子どもも少なくありません。とくに軽度あるいは中等度の難聴の子どもに多いといわれています。

4 担任としての支援や配慮

（1）教室での支援

教室環境の調整

〈教室内の騒音を減らす〉

聴覚障害の子どもにとって、机や椅子を移動するときのギシギシ、ガタガタという音は聞き取りを妨

げる騒音となります。教室内の騒音や反響音を減らす工夫として、全員の椅子や机の脚に靴下などを利用したカバーを被せるなど防音の手だてが有効です。

〈補聴器から漏れる音〉

補聴器が「ピーピー」と鳴ることがあります。これを**ハウリング**といいます。ハウリングは補聴器で増幅された音が再び補聴器のマイクに入ることで起こる現象で、「ピーピー」という音が出ているときは、補聴器と耳のあいだの隙間から音が漏れている状態にあります。

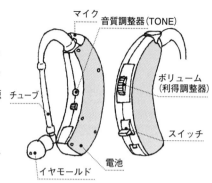

ハウリングが起きている場合には「補聴器が鳴っているよ」と子どもに知らせてください。イヤモールド（耳の形に合わせ作られるオーダーメードの耳せん）を耳穴に入れ直したり、ボリュームを下げたりすればハウリングがおさまります。

また、頻繁にハウリングが起こる場合には、成長に伴って耳の形が変わりイヤモールドが合わなくなっていることも考えられますので、イヤモールドの作り直しなどが必要です。

〈補聴援助システムの活用〉

補聴援助システムとは、話し手の距離が離れていたり、騒がしい場所や反響の多い場所など、聞き取りが難しい場合に活用できるシステムです。よく使用されているシステムとしては、FM補聴援助システムやデジタル無線方式補聴援助システム、磁気誘導補聴援助システムなどです。FM補聴援助システムは、イヤホンとマイクがセットとなっており、FM電波を通して話し手の声を補聴器や人工内耳に取り付けた受信機へ送るというものです。ただし、聞こえる子どもと同じような聞こえが、このシステムの活用で補償されるわけではないことに注意が必要です。

伝える工夫

〈読話の大切さ〉

聴覚障害の子どもにとって、読話の情報は重要です。その一方で、話し手の口元をずっと見続けることによる負担はとても大きいものです。そのため、座席の位置には配慮が必要です。先生の口元が逆光にならず、自然な姿勢で口元

を注目できる座席としては、中央あるいは窓側の前から2～3番目の席であるといわれています。また、この座席の位置は、先生の口元が見やすいだけではなく、クラス全体の動きも視野に入れやすく、聴覚障害の子どもにとって授業内容がつかみやすい場所です。

　授業内容や活動に応じて机の配置をコの字型にすると、誰が発言しているのかわかりやすく、発言者の口元も見やすくなります。子どもと話し合いながら、どの席が情報をとりやすい場所なのかを確認することも大切です。

〈伝わりやすい話し方〉

　座席位置の配慮とあわせて、話し方にも配慮が必要です。板書をしながら話したり、歩きながら話すと読話が難しくなります。また、聞こえにくいだろうと大声で話したり、一語一語を不自然に区切るような話し方は、かえって聞き取りが難しくなります。話の文脈がわかるように口形を見せながら、ちょっとゆっくり、少しだけ大きな声で話すほうが聞き取りやすいようです。

〈グループ学習での配慮〉

　聴覚障害の子どもはグループ学習の参加に難しさがみられます。大人数になると誰が話しているのかがわからず、読話も困難となるため、グループのなかでどのような意見が出たのかもわからないことがしばしばです。話し合いの経緯がわからないまま結果だけが知らされたということも少なくありません。

　そこで、このような活動では、話し合いのルールを決める（挙手してから発言する、人の話をさえぎらないなど）、騒音の少ない別室を利用する、話し合いの結果の要約を聴覚障害の子どもに担当してもらうなどの工夫によって、聴覚障害の子どももグループ学習に積極的に参加する機会が得られます。

〈板書への配慮〉

　授業の流れがわかるように板書することで、授業の内容についての理解も深まります。また、授業のなかで出てくるキーワードや重要語を板書するようにすると、聞き取りの助けにもなります。音声情報を視覚化するような補助教材として、絵カードやペープサート、ICT機器（iPadのようなタブレットコンピュ

ータや電子黒板など）の活用も必要です。指示を聞き逃しても、自分で確認ができるような指示ボード（小型のホワイトボードに、今進行している活動に関する教科書のページや指示内容を示すメモなど）の工夫も考えられます。

また、資料や教科書を見ながら板書をする、あるいは説明を聞きながらノートをとるなど、複数の活動を同時に進めることは、聴覚障害の子どもにとって難しい活動です。板書を写す時間とともに、板書や教科書を読む時間も十分に確保してください。指示語の使用を減らしたり、重要な内容を繰り返すことで授業の内容がよりわかりやすくなります。

〈その他の配慮〉

聴覚障害の子どもの多くは、放送やCD、テレビの音声などの機械音の聞き取りが困難です。聞き取りやすいボリュームに調整したり、字幕がついている視聴教材を選択するなどの配慮についても考える必要があります。

（2）学級の子どもたちへのはたらきかけ

周囲の子どもたちへ向けて聴覚障害に関する理解を図るために、難聴特別支援学級・難聴通級指導教室（きこえの教室）などと連携した実践が行われています。聴覚障害による聞こえの疑似体験や補聴器を通した聞こえの体験などは、「聞こえると思っていたけど、聞こえない」「話がわからないと不安だ」という気づきを促すきっかけとなります。

また、学校生活の一部を切り取ったロールプレイ、聴覚障害の子どもの日常生活を題材にした絵本や自作カルタは、それぞれの立場に立って相手の気持ちを考えるきっかけとなり、学級内の雰囲気にも変化が生まれてきます。あるいは手話を使ったゲームなどによる実践を通して、聴覚障害の子どもの自信を育むだけではなく、学級内のコミュニケーション方法の幅を広げていく可能性も見出せます。

ここで重要なのは、聴覚障害に関する一般的な知識をクラスの子どもたちや、子どもにかかわる他学級の先生方に伝えることとあわせて、聴覚障害の子ども

の学校生活に子どもたちが学んだ結果が反映され、お互いの理解が深まるような内容を精査することにあります。

しかし、このような活動を学級担任だけで実施することは困難です。特別支援学校（聴覚障害）や難聴特別支援学級・難聴通級指導教室（きこえの教室）の担当教員とも協力することで、子どもたちの心に響く活動が実現できるでしょう。

5　特別な場での指導

特別支援学級・通級における聴覚障害の子どもに対する指導は、自立活動と教科の補充指導を中心に進められます。主に、①聴覚管理（補聴器あるいは人工内耳の取り扱いや装用習慣、聞こえ方のチェック、聴力測定など）、②聴覚学習（音や音楽、ことばの聞き取りなど）、③言語指導（ことばの発達の促進）、④発音指導（コミュニケーションの促進）、⑤適応指導（トラブル解決、障害認識、障害理解など）、⑥教科の補充指導、を行っています。

⑤適応指導に含まれる障害認識や障害理解については、聞こえないということへの周囲の理解や教室内でのトラブルの解決、手話やろう文化などに着目した指導が展開されます。

小・中学校で学ぶ聴覚障害の子どもは、ほかの聴覚障害の子どもと交わる経験が少なくなりがちです。そのため、同じ障害をもつ子ども同士の仲間あるいは成人の聴覚障害者と積極的に交流する機会を保障することは重要です。社会で活躍する聴覚障害の先輩の考え方や生き方に触れ、学校生活の悩みを共有することで、聴覚障害のある自分に向き合う貴重な時間が得られます。

6　専門機関との連携

特別支援学校（聴覚障害）や難聴特別支援学級・難聴通級指導教室（きこえの教室）と連携し、情報を共有することによって、聴覚障害の子どもへの教育的対応がより充実すると考えられます。さらには、定期的に聞こえのチェックや補聴器・人工内耳の調整も必要であるため、耳鼻科の医師や言語聴覚士などの専門家との情報共有も欠かせません。難聴特別支援学級・難聴通級指導教室（きこえの教室）を中核にして、特別支援学校と医療機関との連携がとれる関係性を

築くよう努めることも、スムーズな連携を図るための一つの考え方です。

　いずれにしても、各専門機関との連携の第一歩として、家庭と難聴特別支援学級・難聴通級指導教室（きこえの教室）の担当者との近しい距離感が求められます。

【引用・参考文献】

チルドレン・センター（東京）編、舩坂宗太郎監修『お母さんとトレーナーのためのよくわかる人工内耳装用児の言語トレーニング』学苑社、2002年、p.10

中野善達・根本匡文編『聴覚障害教育の基本と実際』田研出版、2006年

大沼直紀『教師と親のための補聴器活用ガイド』コレール社、2009年

斎藤佐和監修、白澤麻弓・徳田克己『聴覚障害学生サポートガイドブック——ともに学ぶための講義保障支援の進め方』日本医療企画、2002年

白井一夫・小網輝夫・佐藤弥生編『難聴児・生徒理解ハンドブック——通常の学級で教える先生へ』学苑社、2009年、p.70・72

立木孝・村井和夫『よくわかるオージオグラム』金原出版、2003年

脇中起余子『聴覚障害教育これまでとこれから——コミュニケーション論争・9歳の壁・障害認識を中心に』北大路書房、2009年、p.9

四日市章編『リテラシーと聴覚障害』コレール社、2009年

ウェブサイトの活用案内

全国公立学校難聴・言語障害教育研究協議会
http://www.zennangen.com

特別支援教育に関連する情報へのリンク集をはじめ、難聴や言語障害教育にかかわる研修や教材の情報もあり、子どもの指導へのヒントが得られる。

日本遠隔コミュニケーション支援協会
http://www.nck.or.jp

パソコン要約筆記でよく使われるフリーソフト「IPtalk」の情報などを掲載。IPtalkを利用すれば、複数の通訳者が入力した文字情報を相互にリアルタイムに見られる「連係入力」ができる。

日本聴覚障害学生高等教育支援ネットワーク（PEPNet-Japan）
http://www.pepnet-j.org

一般大学に通う聴覚障害学生に関する情報が主だが、情報保障などの解説もあり、聴覚障害の小・中・高校生の支援に対する考え方のヒントになる。

筑波大学特別支援教育　教材・指導法データベース
http://www.human.tsukuba.ac.jp/snerc/kdb/

筑波大学附属特別支援学校5校で活用されている教材や指導法が紹介されている。指導の際の配慮点や使い方、関連する教材情報なども掲載。

COLUMN

聴覚障害者への情報保障

　情報保障とは、情報の取得が難しい人に対して代替手段を用いて情報を取得できるようにすることです。授業や会話の大事な内容だけ抜き出して伝えるものではありません。授業とは関係のない冗談や笑い声、授業中に聞こえてきた騒音など、授業や会話の場面で得られる聴覚情報のすべてを伝えることが重要です。学校の授業のなかでは、音声認識ソフト、ノートテイク（要約筆記）やパソコン要約筆記、手話通訳などの方法が用いられることが多いようです。

　ノートテイクとパソコン要約筆記は、話し手の音声を文字化して伝える方法です。パソコン要約筆記では、LANで接続して複数のパソコン画面に同じ文字情報を表示したり、入力した文字情報を大型スクリーンに投影したりすることもできるため、複数の聴覚障害の子どもへの情報保障への対応や複数の通訳者による連係入力などができます（IPtalkなど）。

　ノートテイクは、パソコンが使用できないような校外学習や数式が多い理数系の授業等に適しています。一方、手話通訳は話し手の音声を手話に変えて伝える方法です（手話を音声に変える

授業中の様子
ノートテイク（中央が聴覚障害者、両端が支援者）

場合もあります)。音声情報を文字化する方法に比べ、話しことばに追いついて情報伝達することができ、見学・参観やグループ学習などにも適した方法と考えられます。

　紹介した方法にはそれぞれの特徴がありますので、情報保障を受ける人のニーズや活動の内容に合わせて適切かつ実施可能な方法を選択することが重要です。

　また、情報保障を行う際には、どのような情報を伝えるかに留意します。結果のみを伝えるのではなく、経緯やプロセスも伝えることで(音読の際、誰が読んでいるのかや、読み誤りの情報なども伝えるなど)、聴覚障害の子どもの学びが深まり、学校生活への参加が保障されると考えられるためです。

　情報保障は聴覚障害の子どもにとっては不可欠なものですが、通訳者の人材育成と確保の難しさや、通訳者と一緒に活動する子どもの精神的な負担、情報保障にかかる費用の確保などに関する課題もあります。

　通訳者を配置する努力も大切ですが、聴覚障害の子どもに情報が伝わりやすいように環境を整えていくことも立派な情報保障です。たとえば、全校集会で話す校長先生の話を事前に提供してもらったり、活動が終わったあとに話の概要を日直がまとめて掲示するということでもよいでしょう。こうでなければという決まった形はありません。聴覚障害の子どものニーズや学校の状況に合わせ、実施可能な手立てを工夫して実践してみてください。

式典や集会でのパソコン要約筆記

第13章

肢体不自由の理解と支援

1 Jさんのケース

　一人で歩くことが難しく、車いすを使って生活している小学校4年生のJさん。脳性まひの子どもです。字を書いたり、教科書を持って読んだりすることはできます。ただし手先や肩に力が入ってしまい、やりたいことを達成するまでには時間がかかります。字は筆圧が強く、大きな字になります。

　一方で、話を聞いて理解し、考えることは得意です。算数の文章題も頭の中で解いてしまいます。手を使った活動は苦手ですが、持ち前の理解力や記憶力を駆使して勉強に励んでいます。

　授業を受けるときは、車いすに座った状態にぴったり合うように調整された机を使います。クラスのみんなより少し大きめの机です。机の縁にはモノが落ちないように工夫がなされています。クラスには支援員がいて、必要なときは手助けをします。クラスメイトもプリントを渡したりするなど自然に手伝ってくれます。

　今は学校と教育委員会が話し合って支援員がクラスに配置されていますので、教室での生活支援、移動やトイレの介助などをやってもらうことができます。

　入学当初は保護者が学校に付き添っていました。それが入学の条件だったのです。クラス担任の先生に生活面の支援や介助をすべてやってもらうことはできません。また、クラスメイトの手助けだけではやはり不十分です。そこでまずは保護者が毎日付き添うことになりました。その後、大学生のボランティア

が手伝ってくれたりし、現在では支援員がほとんどの時間付き添ってくれています。

来年度、5年生になったら宿泊体験学習がありますが、支援員は付き添えません。どのような参加の仕方にするのか、保護者と学校は話し合いを始めました。そうやって一つ一つJさんのことについて、関係者が話し合うことが続けられてきました。

2 肢体不自由とは

(1) 肢体不自由の概念と用語

肢体不自由という用語は、昭和の初めごろに東京大学医学部の整形外科医であった高木憲次によって提唱されたものです。知的障害や視聴覚障害という名称にそろえると運動障害という用語になりますが、わが国では肢体不自由を一貫して使用してきました。

高木先生の門下生に聞いたところでは、高木先生を受診したある少年(下肢障害)が「自分の足は悪いのではなく、不自由なだけなのだ」と話したことから、高木先生が彼ら自身の体験を尊重したいという願いを込めてつくったそうです。この願いに共感し、今でも医学、教育、福祉など幅広い分野で肢体不自由という用語を大事に使い続けているのです。

肢体不自由とは、医学的な原因は問わず、四肢体幹に永続的な障害があるものを指しています。四肢とは上肢(手から腕)および下肢(脚と足)、体幹とは内臓を含まない首からお尻までの胴体を意味します。ここでいう障害とは、補助具を使用しても歩行やさまざまな日常生活の基本動作が不可能であったり、困難であったりすることです。

肢体不自由は原因を問いませんので、さまざまな原因と疾患を含むことになります。代表的なものを表13-1にまとめています。

【表13-1】肢体不自由の原因となる疾患の例

脳原性疾患	脳性まひ、脳外傷後遺症、脳水腫
脊椎・脊髄疾患	二分脊椎、脊髄側弯症
筋原性疾患	進行性筋ジストロフィー
骨関節疾患	先天性骨形成不全症、ペルテス病

このうち最も多いものは脳原性疾患であり、そのなかでも**脳性まひ**になります。全国の特別支援学校（肢体不自由）在籍児童生徒の調査（全国肢体不自由養護学校長会, 1999）によると肢体不自由の病因の種類では約3分の2が脳原性疾患であり、その大部分が脳性まひです。

　一方では、ここ数十年にわたって重度・重複障害のある子どもが増加してきています。重複障害とは肢体不自由や知的障害、視覚障害、聴覚障害など複数の種類の障害をあわせ有することを指しています。基本的には、特別支援学校（肢体不自由）には重度・重複障害のある子どもが在籍し、通常の学級には知的障害などを重複していない肢体不自由を単一にもっている子どもが在籍することとなります。

（2）脳性まひ

　肢体不自由の原因となる疾患で最も多いのは脳性まひです。脳性まひは「新生児期（生後1か月）までに生じた脳の非進行性の病変による、永続的なしかし変化しうる運動および姿勢の異常」と定義されます。脳の病変が広範な場合や脳の病変の原因が他の診断可能な疾患（例：髄膜炎）による場合は診断名を脳性まひとしないという厳密な分類もありましたので、診断の範囲としてはあいまいな部分をもっています。

　発生率は1,000人に1名強と報告されてきましたが、最近では2名程度といわれています。この増加の背景には新生児医療の進歩が指摘されています。先に述べた障害の重度・重複化にも新生児医療の進歩がかかわっています。端的にいえば、低出生体重児や早産児の死亡率が小さくなり生存可能となってきた一方で、障害発生率が高まり、かつ障害が重度・重複化しているのです。

　脳性まひの原因として、胎児期では母体の疾患や胎内期無酸素症など、周産期（妊娠22週目から生後1週間まで）では無酸素症や脳の外傷・出血など、出生後では頭部外傷や感染、低酸素症などがあげられています。脳の形成不全や無酸素による脳へのダメージ、外傷などが原因とされており、周産期が最も多いようです。

　脳性まひは痙直型（けいちょく）、アテトーゼ型、失調型に分類されます。
　痙直型は緊張が強まることや四肢のつっぱりがあり、円滑に身体を動かすことが難しい特徴があります。とくに股・膝関節の屈曲や両足の交差などの緊張がみとめられます。

アテトーゼ型は意志とは無関係に身体が動いてしまう不随意緊張が特徴です。

失調型は平衡感覚に乏しく、ふらつきやバランスを崩しやすい特徴があります。

また痙直型とアテトーゼ型が混在している混合型もあります。

運動や姿勢は、定義にあったように変化しうるものです。良好に向かう一方で悪化に向かうこともあります。大まかな傾向としては、学齢期ごろまでは成長期もあいまって良好に転じる場合が多いように思われます。一方、成人期以降は生活環境の変化なども加わって、悪化することが少なくありません。ただリハビリテーションへの取り組みや日常生活の過ごし方、姿勢・運動の工夫、合併症の有無などの要因によって、変化は大きく影響を受けることになります。

(3) その他の障害について

進行性筋ジストロフィーは、筋力が低下していく進行性の遺伝子の疾患です。いくつかのタイプがありますが、一般的に3〜4歳で発病し、徐々に運動機能障害が進行し、10歳前後で歩行困難になり、平均寿命が20歳代といわれています。知的障害を伴いませんので、進行の程度によっては通常の学級に在籍しています。進行が進むと座っていることが困難になってきますので、特別支援学校に進学する場合が多いようです。

二分脊椎は、生まれつき脊椎の癒合が完全に行われず、一部開いたままの状態になる疾患で、下半身に運動や感覚のまひが生じます。知的障害を伴う場合と伴わない場合があります。伴わない場合は、やはり通常の学級に在籍する子どもがいます。

また、事故などで背中や腰に強い力が加わり損傷した疾患を**脊髄損傷**といいます。これは中途障害であり、生まれつきの障害ではありませんが、同じように下半身にまひが生じます。

3 特性とその理解

ここでは肢体不自由の代表である脳性まひを中心に取り上げます。

(1) まひについて

まひという用語は、痛覚や温覚、触覚などを感じない・感じにくいという感覚のまひと、身体が動かない・動きにくいという運動のまひを意味しています。肢体不自由の子どもの場合は、基本的に運動のまひを指していることが多いのですが、二分脊椎などでは下半身の感覚まひを伴いますし、脳性まひにおいても四肢末梢に弱い感覚のまひが認められることがあります。

運動は脳から神経を通じて筋繊維に命令が伝えられて生じると説明できますが、この過程のどこかで障害が生じてまひとなっていると考えることができます。また、この過程は運動を伝える役割と同時に運動を感じる役割を担っています。手を動かしているときには、手を動かしている感覚が脳に戻ってきています。まひがあるということは、運動を伝えることの障害に加えて、身体の動きを感じることの障害をもつことになります。

(2) 姿勢

脳性まひのある子どもが身体を動かすこと、つまり運動に障害をもっていることはいうまでもありません。必要以上に緊張が入って四肢や体幹が動きにくかったり、不随意の動きが生じてしまったりすることがその特徴です。

そして、このような運動の不自由さがあると、姿勢を保つことが難しくなります。座位や立位の姿勢は、傍から見ると静止していて、とくに運動が生じていないように勘違いされがちですが、実は細かく運動し続けています。直立して、足裏や膝の感覚に注目すると、細かな動きでバランスを取り続けていることがわかるでしょう。

座位姿勢でもお尻や腰を使って細かくバランスを取っていますし、生活場面では頭や手は絶えず動きますので、それに合わせて土台となる姿勢は調整しなくてはなりません。つまり姿勢とは細かな運動の連続です。そのため、脳性まひなどの障害がある場合、姿勢を保つことも難しいのです。

(3) 視知覚認知

　脳性まひのある子どもは、視知覚認知にさまざまな特徴をもっていることがわかっています。その一つに図—地知覚の障害があげられます。図—地知覚とは、私たちがモノを見るとき、見ている対象物は図として浮き上がり、その他のモノは背景として地となることを意味します。

　これを体験できるよく知られる絵が図13-1のルビンの壺です。左右の2つの顔

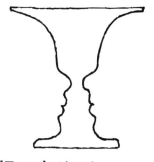

【図13-1】ルビンの壺
出典：Rubin 1915

を図として見ると杯が地になり、杯を図として見ると2つの顔が地になります。
　机の上にある鉛筆を見つめると、鉛筆は図となり机は地となります。視覚的世界を図と地に弁別することで、モノを正確に知覚することができます。
　脳性まひのある子どもの場合、背景となるべき地が図を妨害してしまい、対象物を瞬時にとらえて知覚することが苦手です。
　また空間的・立体的に知覚することの弱さも指摘されます。紙に書かれた物体を立体的に理解することや、物の奥行や見えていない部分を推測することが難しいようです。
　最近、このような特徴の原因として脳室周囲白質軟化症が関係しているといわれています。在胎週数が短くて脳の発達が遅れ、脳室周囲の脳組織がダメージを受けると痙直型の脳性まひが生じることになり、脳室周囲の近くにある視放線にまでダメージが及んだ場合、視知覚の障害が起こるようです。そのため、痙直型脳性まひのある子どもの多くが視知覚障害をもっています。

(4) 知能

　脳性まひのある子どもの**知能**を測定したこれまでの研究結果を見ると、全体の約70％において知能が平均以下であるといわれています。脳損傷が運動以外の部位に及んで知的障害をあわせ持っていることが理由の一つです。また運動が制限されているため環境と十分にかかわれず、知的な発達を促す経験が不足することも理由としてあげられます。
　一方、そもそも知能の測定をする検査に手の動きを必要とする課題が含まれており、不利な条件で測定しているため知能が低く出ているとの指摘もあります。しかも過去の研究は50年近く前のものがほとんどです。その意味では正

確な知能の傾向は不明ですが、知的な障害をあわせ持っている子どもが多くいることは間違いないようです。とくに、言語的な知能に比べて、絵を合わせたり模様を作ったりする動作的な知能が低い傾向にあるようです。

（5）パーソナリティや行動

　脳性まひのある子どもは、パーソナリティや行動特性に一定の傾向があることが報告されています。パーソナリティでは、高い依存性や不安傾向、頑固さなどがあります。自分でできそうなことにもかかわらず他者に頼んだり、新しい場面などで不安そうな様子を見せたりすることがあります。

　行動特性では、転導性や固執性の高さなどがあります。転導性とは、刺激に対して注意が引っ張られ、集中したいところに注意を向けつづけるのが難しいことです。それでキョロキョロしたり、あらぬ方向を見ていたりすることがあります。固執性では、状況や環境の変化に対して柔軟に応じることが苦手です。

　これらのパーソナリティや行動特性は、いくつかの要因によって形成されてきたと考えることができます。まずは肢体不自由のため運動に制限があることは大きな要因です。探索的な活動や自発的な行動が思うようにはできないことが影響していると考えられます。

　加えて姿勢や動きが不安定なので、周囲に働きかけることも十分ではありません。思ったことが叶わないという体験を繰り返しているのかもしれません。

　あるいは保護者をはじめとする周囲の人のかかわり方も要因かもしれません。周囲の人が先回りして手を貸し過ぎているかもしれません。その他にも生活環境や健康状態など複数の要因を想定できます。

　大事なことは、一人一人の特性の違いを尊重し理解することだと考えます。あくまで傾向ですから、参考にする程度でよいでしょう。いたずらにパーソナリティや行動特性を決めつけて子どもを理解しようとすることは、慎まなくてはなりません。

（6）保護者－子ども関係

　肢体不自由のある子どもに限らず、子どもは赤ん坊のときから保護者の保護を受けて育ちます。授乳や食事、着がえ、入浴などを一人でできる赤ん坊はいません。人の育ちには大人からの生活行為の手伝いが不可欠です。すべての保護者と子どもは、まず介助－被介助の関係を築くことになります。

そして障害のない子どもの場合、2歳を過ぎるころから身のまわりのことを自分でやりたがり、実際にスキルも身につけていき、着がえたり食べたりトイレができるようになります。それに伴い次第に保護者からの介助は回数も種類も減っていきます。保護者—子どもという関係は変わりませんが、介助—被介助の関係は変化します。いわゆる自立していくのです。このように生活が独立していく過程は、精神的に独立していく過程と並行して進んでいきます。

　ところが脳性まひなどの肢体不自由がある子どもの場合、年齢が上がってもできるようになる生活行為は限られています。障害のない子どもに比べると、いつまでも介助を受ける必要があります。保護者側からいえば、子どもが大きくなっても介助を提供し続けなくてはなりません。

　生活のさまざまな場面、たとえば食事やトイレ、入浴などで介助—被介助の関係が繰り返されるということは、年齢が上がるにつれて精神的には独立した関係に変化していく一方で、相変わらず世話を提供する側と受ける側という関係が変わらないことになります。

　これは保護者—子ども関係に影響を及ぼすはずです。独立したい気持ちとは裏腹に、生活では多くの介助を受けざるを得ないという微妙な構図が描かれることになります。先に述べた依存性にもかかわってくるかもしれません。そのため、肢体不自由のある子どもにおける保護者—子ども関係をより深く理解しようとする姿勢が求められます。

4　担任としての支援や配慮

(1)　日常生活の支援

　肢体不自由の子どもに対して、教員としてまず配慮すべきことは健康で安全な学校生活を送れるようにすることです。肢体不自由のある子どもは体調を崩しやすい場合があります。体温調節がうまくできずに発熱したり、疲れやすい場合もあるでしょう。事前に保護者から配慮すべき点などを聞き取っておくことは重要です。

　また、移動時などには転倒などに注意する必要があります。車いすではブレーキをかけ忘れて勝手に動き出し、転落する事故などが起こりえます。子ども同士で移動介助する場合などは、とくに安全な運転を心がけるようにします。

　健康の保持・向上を図り、安全に気を配ってけがなく休みなく学校に通える

ことが最初の目標となります。

（2）姿勢や身体の動き

　肢体不自由によって自分で自由に姿勢を変えることが難しい子どもの場合、教員が活動や時間帯に応じて姿勢を変換することになります。臥位(がい)（寝た状態）でも仰向けや側臥位がありますし、座位でもあぐら座位や椅子座位があります。座位保持用のいすやクッションなどを必要に応じて使いますので、たくさんのバリエーションがある姿勢から選択することになります。

　選択する基準は、身体への負担、視野の確保や見やすさ、手足の動きやすさなどです。たとえば、見聞きする活動が中心のときは車いすで座ってもいいでしょうし、工作など手の活動が多いときは床に座るほうがいいかもしれません。

　また長時間同じ姿勢を続けると特定の身体部位に負担がかかりやすいですから、定期的に変える必要があります。どの姿勢を子どもにとらせるか適切に選択することは重要な支援の一つです。

　身体の動きは支援の仕方によってうまく引き出せることがあります。子ども単独では動かせない身体の部位に軽く手を添えたり、動きやすい姿勢を補助したりすることで動きがスムーズになることがあります。

　たとえば手を伸ばす動きでは、肘を下からそっと支えたり、身体が傾かないよう体幹を支えたりします。肢体不自由の子どもの身体はまったく動かせないのではなく、思うとおりには動かしにくい（不自由）のです。教員のちょっとした支援によっては思いがけないような大きな動きや姿勢保持ができることがあります。本人の主体的な動きを尊重しながら、活動の可能性を広げるような支援を心がけます。

（3）視知覚障害への配慮

　脳性まひをはじめとする肢体不自由のある子どもは、視知覚認知の障害と身体の動かしにくさも相まって、目と手の操作に困難をもっていることが少なくありません。そのためさまざまな場面において配慮が必要となります。

　たとえば教科の学習では、拡大教科書を使用したり、拡大コピーで文字を大きくしたり、白黒反転したり、見やすい色を活用することがあります。図形などが読み取りにくい場合は、輪郭を鮮明にしたり、色づけしたりすることがあるでしょう。

教科書出版社から図形などのデータを加工できる形で入手できる場合もあるようです。また、ノートやプリントを拡大して書く欄を大きくするなども必要かもしれません。

このように、見ることと目と手を協応して使うことを苦手としていることを想定して、その特徴を把握し、必要な配慮を行わなければなりません。見ることが障害されている場合、そのことが学びを阻害してしまい、各教科・各単元でねらいたい目標にせまることが難しくなります。まずは教員側が教材などの工夫によって、子どもたちが学びやすい環境をつくらなくてはなりません。

最近では、見やすさを意識したタブレット端末を使用した取り組みが行われつつあります。一方で、タブレット端末はやや操作しづらいという特徴もあります。これらの取り組みの成果や課題の整理が待たれるところです。

(4) 個別の指導計画の活用

障害のある児童生徒はその実態が多様であることから、個に応じた指導が求められます。そのため**個別の指導計画**の作成が必要に応じて行われます。個別の指導計画は学校によって書式が若干異なっていますが、おおむね実態把握、目標の設定、具体的な指導内容から構成されています。

実態把握では、子どもの発達特性や障害特性、学習の到達状況、本人や保護者の願いなどが情報収集されます。これらをもとに指導・教育の目標を短期から長期に分けて設定します。またさまざまな配慮事項や支援の方法についても記載していきます。

肢体不自由のある子どもの場合にも、一人一人の子どもにふさわしい個別の指導計画が立てられる必要があります。これは担当する教員にとって重要な支援の手がかりとなるはずです。また障害のある子どもの教育においては継続性や一貫性が求められます。個別の指導計画は学年が進んだときに、次に担当する教員に引き継ぐための重要な資料となります。

5 特別な場での指導

肢体不自由のある子どもは、通常の学級・特別支援学級・特別支援学校に在籍しています。このうち通常の学級に通っている場合、たとえば体育などでは特別な配慮が必要です。クラスのみんなとは違う場所で個別的に身体を動かす

時間が設定されるかもしれません。もちろん本人のできる範囲でクラスのみんなと同じ競技に参加することもできるでしょう。どちらにしても子どもにとって有意義な内容となるよう検討されなくてはなりません。

　特別支援学級に通っている場合は、交流および共同学習として通常の学級に参加して学ぶ機会が設けられます。

　特別支援学校に通っている場合でも、最近は居住地校交流が盛んに行われるようになってきました。あらゆる教育の場に肢体不自由のある子どもが在籍できるようになってきました。

6 専門機関との連携

　肢体不自由の子どもは、ほとんどが医療機関にかかっています。地域や民間の病院もありますが、整肢療護園や、そこから名称変更された医療福祉センターや療育センターなどの施設があります。

　整肢療護園は、先述の高木憲次の尽力によって児童福祉法に定められた施設で、全国各地に設置されました。現在では名称や役割が更新されている施設もありますが、各県・地域における肢体不自由のある子どもの療育施設の中心として機能しています。

　これらの施設の目的は療育です。療育とは医療や治療の「療」と教育や保育の「育」を合わせたものです。医師による診察・診断・治療だけでなく、理学療法士や作業療法士、言語聴覚士によるリハビリテーションにも力を入れています。肢体不自由のある子どもの多くが定期的に通っています。

　これらの施設と学校との連携はすでにさまざまな取り組みとして実践され、顔の見える連携がなされています。教員がリハビリテーションの様子を見学したり、医療的な所見について医師に説明を受けたりすることがあります。逆に医師が学校を訪問して医療の立場から助言をしたり、理学療法士*や作業療法

> ＊理学療法士と作業療法士
> 主として医療現場で働くリハビリテーションの専門家で、国家資格をもっています。理学療法は、運動療法、物理療法、日常生活活動（ADL）といった手法を使用して基本的動作能力の回復をめざします。作業療法は、創作活動やレクリエーション、生活活動により応用動作と社会的適応のための能力回復をめざします。

士*などのリハビリテーションの専門家がさまざまな助言や教員の相談に応じたりしています。

　ここ数年、専門職の活用が各学校で積極的に取り入れられるようになってきました。具体的には、姿勢の取らせ方や動きの引き出し方、種々の補助具の使い方などについても助言を求めることができます。今後いっそう連携の深まりがみられるものと思われます。

【引用・参考文献】

川間健之介・西川公司『肢体不自由児の教育［改訂版］』放送大学教育振興会、2014年
筑波大学附属桐が丘特別支援学校『肢体不自由教育の理念と実践』ジアース教育新社、2008年
全国肢体不自由養護学校長会「全国肢体不自由養護学校児童生徒病因別調査」1999年

COLUMN

バリアフリーとは

　「バリアフリー」は、最近ではすっかり定着した言葉ですが、ここでいうバリア（障壁）には3つの種類があるといわれています。

　まずは「環境」のバリアです。たとえば車いすで移動する人にとって、階段や段差はバリアとなります。あるいは視覚障害のある人が杖を使って移動しているとき、道路に置かれた自転車や看板はバリアになります。聴覚障害のある人では、騒音で駅のアナウンスが聞き取りにくいといった場合、この騒音がバリアです。目に見えるものだけでなく、情報が伝わりにくいということもバリアとなります。

　次は「制度」のバリアです。以前は障害があることで教育や就職などが制限されることが多くありました。障害のある人の生活が、障害を理由に選択肢が狭められているとき、そこにバリアがあると考えます。

　でも職業によっては障害があると無理なのでは、と考えるかもしれません。たとえばパイロットには一定以上の視力が必要ですが、これは見る能力が求められるのであって、視覚障害の有無が問われているわけではありません。職業に求められる能力や適性があるかどうかを理由に職に就けないことはあっても、障害があることを理由に職に就けないということはあってはなりません。

　これは教育についても同じです。たとえば、入試では学力と

いう基準で選抜することは許されていますが、障害があることを理由にして選抜してはいけません。

　最後は「こころ」のバリアで、心理的バリアとも呼ばれます。障害のある人について抱くイメージは人それぞれです。かわいそう、何もできない、暗い、幼い、大変そう、自分と変わらない……どんなイメージも、もつこと自体は否定されるべきことではありません。ただ、彼らへのイメージは、接した体験や知識によって段階的に変化していくといわれています。親近感や好意、責任感や連帯感などが強まったり弱まったりと複雑に変化していきます。

　いずれにしても段階を進むことによってバリアは徐々に取り除かれていきます。接することや知識をもつことを拒否し、自分のイメージを広げようとしないことが最も深刻なバリアなのかもしれません。

　ところで最善のバリアフリーは最初からバリアをつくらないことです。バリアがあるからバリアフリー。いつかこの言葉そのものがなくなることを期待してやみません。

第14章

病弱・身体虚弱の理解と支援

1 Kさんのケース

　小学2年生のKさんは生まれつき心臓の病気で、小学校に入学するまでに2回、大きな手術を経験しています。おとなしい性格で、同い年と比べると身体が一回り小柄な女の子です。日常生活はほとんど不自由なく過ごしていますが、2つだけお医者さんからかならず守るように言われていることがあります。一つはお薬です。食後に薬を飲む必要があるため、学校では給食のあとに飲まなければなりません。

　もう一つは運動です。歩く、投げるなどの軽い運動はできますが、かけっこや跳び箱などの運動は禁止されています。登下校はお母さんが車で送り迎えしてくれます。

ボール運動では……

的当ては一緒に　　　　　　　　　ドッジボールは見学

体育は、息がはずむような運動は見学ですが、準備運動や軽い運動はみんなと一緒に参加。疲れたときは無理せずに保健室で休む約束になっています。運動会のダンスは振りつけを工夫して参加、ほかのクラスはかけ足で入退場でしたが、Kさんのクラスはみんなで歩いて入退場しました。

2年生の春休みに再度手術を受けることになり、3か月の入院を経験しました。退院後もしばらく自宅で療養したため、登校できたのは3年生の6月中ごろ。学年が上がって新しいクラスになったのは、先生からクラス写真入りの手紙をもらって知っていました。

Kさんは久しぶりの学校が不安で、教室に入るときも緊張している様子でしたが、先生から紹介され、友達から拍手で迎えられると、照れくさそうに笑いました。

ただ、困ったのは勉強です。とくに3年生になって始まった理科と社会は内容がわかりません。授業中は黙って座っていました。算数のわり算もできませんでしたが、家でお母さんにかけ算からつきっきりで教えてもらい、なんとかできるようになりました。

手術はうまくいったようで、友達と一緒に歩いて登下校できるようになり、家では自転車の練習も始めました。激しい運動だけは禁止でしたが、体育や運動会でできることも増え、遠足や修学旅行にも参加することができました。疲れたときに先生がおぶってくれたり、男の子が荷物を持ってくれたこともいい思い出です。疲れやすかったり、入院で勉強が遅れたりしましたが、それでもKさんが楽しい学校生活を送れたのは、理解ある友達の存在や担任の先生のさりげない支えがあったからこそでしょう。

2 病弱・身体虚弱とは

(1) 定義

　病弱とは一般的な用語ですが、学校教育法施行令では病気の状態が「継続的な医療又は生活規制を必要とする程度」とされています。継続的な医療とは入院だけでなく、家庭や施設などでも受けられる医療も含みます。継続的な生活規制とは日常生活において服薬、安静、運動・食事制限などの管理や制限を必要とすることです。身体虚弱も同様に、学校教育法施行令では身体の状態が「継続して生活規制を必要とする程度」とされています。たとえば、病気にかかりやすい、疲労しやすい、頭痛や腹痛を繰り返すなどがあげられます。

(2) 病気の子どもの現状

小・中学校などにおける病気の子ども

　表14-1は主な病気の被患率を小・中・高等学校別にまとめたものです。比較的多いのはアトピー性皮膚炎やぜん息であることがわかります。また平成元年と比較しても全体的に増えており、とくにぜん息は3～4倍に増えていることがわかります。これらの病気は軽度のものも含まれているため、日常生活に特別な配慮が必要のない場合もありますが、あとに述べるような子どもの不安や困り感に寄り添って支援の必要性を把握してください。

【表14-1】主な病気の学校別被患率（平成29年度）　　　単位：％（カッコ内は平成元年）

	アトピー性皮膚炎	心臓の疾患・異常	ぜん息	腎臓疾患	その他の疾病・異常
小学校	3.26	0.68	3.87	0.19	4.34
	（—）	（0.50）	（1.04）	（0.09）	（0.91）
中学校	2.66	0.80	2.71	0.22	4.69
	（—）	（0.68）	（0.90）	（0.18）	（0.73）
高等学校	2.27	0.68	1.91	0.19	3.96
	（—）	（0.81）	（0.42）	（0.16）	（0.77）

出典：文部科学省 1990, 2018aより筆者作成

継続的な医療や生活規制を必要とする病気

継続的な医療や生活規制を必要とする慢性疾患の子どもを対象とした公的支援の制度として、小児慢性特定疾病対策があります。登録人数は1998（平成10）年以降、約11万～12万人で推移しています。これは18歳未満の人口200人あたり1人の割合です。

2013（平成25）年度の内訳をみると多い順に内分泌疾患（32,983人）、慢性心臓病（18,955人）、悪性新生物（14,151人）、慢性腎臓病（9,073人）、糖尿病（6,819人）となっています（国立成育医療研究センター, 2017）。

また、心の病気については「平成23年患者調査」（厚生労働省, 2012）によると、19歳以下の精神疾患患者数（知的障害を除く）は約13万4千人と示されています。これは19歳以下の人口170人あたり1人の割合です。内訳をみると、多い順から神経症性障害・ストレス関連障害及び身体表現性障害（約2万6千人）、統合失調症・統合失調症型障害及び妄想性障害（約1万人）、気分障害（躁うつ病を含む）（約7千人）となっています。

これらのような病気の子どもの8～9割が小・中学校などの通常の学級に在籍しているとされています。それぞれの病気やその支援・配慮の詳細については、章末の「ウェブサイトの活用案内」に紹介した病弱教育支援冊子『病気の児童生徒への特別支援教育――病気の子どもの理解のために』（全国特別支援学校病弱教育校長会）を参照してください。

3 特性とその理解

(1) 病気の子どもの不安

不安とは自分にとって悪いことが起こるのではないかという漠然とした気持ちです。子どもは病気になるとネガティブな予感をもったり、不安を抱えやすい傾向があります。

病気に関する不安

なぜ病気になったのか、どんな病気なのか、いつ治るのか……子どもにとって病気はわかりにくいものです。主観的な症状や苦痛が伴う病気では死への不安を抱えることもあります。また、「自分が悪いことをしたから病気になった」「家族に迷惑をかけている」と自分を責めることもあります。

身体的な変化に関する不安

体力的な衰えや運動機能の変化があると、病気になる前にできていたことができなくなることもあります。病気の症状が皮膚に表れたり、治療の副作用で髪の毛が抜けたり、手術の痕(あと)が残ったりなど、外見的な変化が起こることもあります。そのような身体的変化があると自己評価を下げたり、友達から受け入れられるか心配になることがあります。

薬や治療に関する不安

痛みを伴う検査があったり、手術で見知らぬ機械を見たり、飲んでいる薬で副作用が出たり、治療に身体的・心理的な苦痛を伴うこともあります。その場合、薬や治療が怖いものや避けたいものとなりますが、それらが欠かせないことは子どもでも理解できます。そのような状況が「嫌だけど、やらなければいけない」という葛藤をもたらします。

入退院に関する不安

入院は生活環境が大きく変化するため、とくに不安を抱きやすい期間になります。入院中の不安には、家族や友達から切り離される孤独感や制限の多い入院生活への不満、入院中に行われる検査や治療への恐怖などがあります。また、進学や就労など将来への不安や、学校の勉強や友達の話題から取り残される焦りなど、退院後の生活にも不安があることに留意が必要です。

以上のような不安があっても、子どもはそれを自覚したり、言葉で表現できるとはかぎりません。自覚や表現ができない不安がイライラや焦り、攻撃的・拒否的態度に表れたり、頭痛や腹痛、食欲不振など身体症状や抑うつ症状として表れることもあります。

また、病気の受容や治療の継続に伴って、心の状態はつねに変化し続けます。言葉だけはなく、表情や行動、態度に目も向け、その日そのときの不安や感情に寄り添うようにしてください。

(2) 学校生活における健康管理

治療・療養

アトピー性皮膚炎では薬を塗ったり、糖尿病では自己注射をしたり、心臓病

では酸素ボンベで酸素吸入したりなど、学校においても医療的な処置や機器が必要な場合もあります。このような特別な行為や機器は「みんなと同じでありたい」という気持ちの妨げとなるものです。友達の視線が気になったり、「自分だけ特別扱いは嫌だ」という気持ちから薬を飲まなかったり、トイレなどで隠れて注射を打ったりすることもあるようです。学校で必要な治療や療養については、本人からの情報のみに頼らず保護者や主治医から把握するようにしてください。

生活規制

心臓病や腎臓病、ぜん息などは、運動や行事への参加が制限されたり、アレルギー疾患では野外活動や動物との接触が制限される場合があります。しかし、近年では過度な運動制限は自発性の獲得や将来の自立が妨げられる可能性があることから避けられるようになってきました。運動制限がある場合でも、**学校生活管理指導表**（日本学校保健会, 2011）を活用することで安全に運動や行事に参加できるように配慮されています。

また、腎臓病やアレルギー疾患などは、食事の内容や量が制限されたり、糖尿病はエネルギーを補うために補食を必要とする場合があります。とくに食物アレルギーでアナフィラキシー（全身性で重度なアレルギー反応）がある場合は命に危険が生じるため、事前の配慮や発作時の対応を学校全体で検討しておく必要があります。

（3）心の病気

近年、うつ病や統合失調症など、子どもの心の病気が増加しています。子どもの心の病気は同じ病名でも症状が大人と異なるのが特徴です。たとえば大人のうつ病は抑うつや意欲・興味の低下が中心ですが、子どもの場合はイライラや自己否定などの感情、頭痛や腹痛などの身体症状、過活発や暴力などの行動として表れることがあります。

これらの症状が悪化すると、希死念慮（死にたい気持ち）や自傷行為を引き起こす場合もあります。このような異変に気づき、心の病気の可能性を感じたら、校内委員会などで検討したうえで専門機関へ相談してください。

（4）病気による長期欠席

表14-2は、小・中学校における長期欠席者数のうち、病気や情緒の問題が

関連した児童生徒数を抜粋したものです。小・中学校で合わせておよそ4万2千人の児童生徒が病気を理由に年間30日以上の欠席を経験しています。たとえば在宅療養が長引いている場合や、定期的な通院や体調不良などで断続的に欠席している場合があります。

また「無気力」の傾向がある不登校と、「不安」の傾向がある不登校がそれぞれ約4万人であり、このような情緒の問題を抱えた背景には心の病気が潜んでいるケースもあるでしょう。これらのような病気が関連した長期欠席をしている児童生徒への教育的な保障は、ほとんどなされていないのが現状です。

【表14-2】小・中学校における長期欠席者数（平成28年度）　　　　単位:人

		小学校	中学校	計
病気を理由とした長期欠席		20,325	22,488	42,813
不登校	「無気力」の傾向がある	8,782	31,750	40,532
	「不安」の傾向がある	10,361	31,395	41,756

出典：文部科学省 2013, 2018bより筆者作成

4　担任としての支援や配慮

（1）学力の補償

入院や家庭での療養で学習できない状態が長期化したり、定期的な通院や体調不良で欠席が多くなると、**学習空白**（学習していない部分）が増え、学習が遅れたり、学業不振になったりします。さらには、それらが自己評価の低下や学校生活への不適応、不登校につながることもあります。

個別の指導計画を活用するなど、指導の系統性や学習空白、学習の遅れを把握するとともに、参加が難しい授業については学習内容を精選して個別学習を行ったり、学習進度に応じた教材を作り、家庭学習を促すなどが考えられます。また、体育や家庭科などで参加ができない場合、そのまま見学や教室待機として成績を「評定不能」とするのではなく、実態に応じた学習課題を設定し、学ぶ意欲を持ち続けられるような支援をしてください。

（2） 積極的・主体的に活動できる環境づくり

　病気の子どもは我慢をしたり、指示を守ったりする体験を通して、自分の感情や意志を押さえ込んでいたり、受け身になっていることがあります。また、我慢や指示を守っても病気がよくならなかったり、何度も再発していたりすると、無気力になっていたり、**自尊心**が低下している（自分を大切に思えなくなっている）こともあります。

　そのため学校では、子どもが意欲的に活動できる環境を整え、主体的な活動のなかで能力を伸ばし、**自己効力感**（がんばれば自分はできるという期待や自信）が高められるようにしてください。

①学習や自己管理について個別に目標を設定し、努力や工夫をさせることで達成感や成就感を得やすいようにしてください。また、友達と協力したり、人の役に立つことで有用感をもたせることも大切です

②同じ病気の人の活躍を知ったり、直接その人の話を聞いたりすることによっても意欲や積極性を高めることができます。

③病気を理由に必要以上に自分の行動を制限したり、なまけることがあれば戒めるとともに、その背景には病気に関する悩みや生活上の不満、将来への不安があることも理解してください。

（3） 心理的支えとなるような周囲との関係づくり

　心を安定させたり、不安や悩みを一人で抱えこまないようにするためには、周囲とのつながりが欠かせません。社会的な関係のなかでやりとりされる様々な形態の支援は**ソーシャル・サポート**と呼ばれ、健康行動の維持やストレスの緩和に効果があるとされています（厚生労働省, 2008）。

　①情緒的サポート：共感や愛情の提供
　②道具的サポート：形のある物やサービスの提供
　③情報的サポート：問題解決に必要なアドバイスや助言の提供
　④評価的サポート：肯定的な評価の提供

　たとえば、学校では自分を理解して助けてくれる先生や自分を受け入れてくれる仲間の存在が、学習や教育活動への参加意欲を高めるでしょう。また、同じ病気の仲間も、共感や励まし、必要な情報を得やすいため、心の支えとなる存在であるといえます。

(4) 病気に対する自己管理能力の支援

病気に対する**自己管理能力**(生活のなかで病気に関する行為を自ら管理し、実践する力)の獲得には下記の3つが柱であるとされています(西牧, 2004)。
①病気を理解すること
②自己管理に関する適切な知識や技術を身につけること
③主体的に解決する能力や自律的に行われる活動であること

これらは個人の努力のみで達成できることではありません。小・中学校においては、教員のサポートや友達との交流のなかでこれらの力を身につけることでこそ、将来に向けて社会的な自立を促していけるといえます。教員が病気や自己管理について正しく理解するとともに、友達の理解や協力が得られる環境をつくり上げることが求められます。

(5) 学校生活上の配慮

学校生活のなかで服薬や特別な処置、休憩などが必要な場合、それらを安全に行える保健室などの場所を用意してください。また、病気やその治療・療養についてクラスから理解が得られると、教室でも安心して過ごせるようになります。説明の内容や方法については、本人の意志や保護者の考えもふまえて検討しましょう。

運動や行事、野外活動などに制限がある場合でも、病気の子どもがクラスと学びや体験の共有ができるように必要な配慮や支援を追求する姿勢が求められます。たとえば心臓病やぜん息などは、学校や教員の判断で体育や行事への参加が過剰に制限されやすい傾向があります。参加可能な範囲や参加に必要な配慮は病状の変化や成長・発達によっても異なるので、その都度、保護者や主治医と相談して検討するようにしましょう。

(6) 保護者との連携

病気に関してプライバシーを守りながら支援体制を築いたり、主治医と密な連携をとるためにも、保護者は連携のキーパーソンの一人であるといえます。担任として保護者を支えて信頼関係を築くため、保護者の要望や悩みを聞きとりながら、保護者の心情や置かれている状況を理解するようにしてください。

また、子どもの治療や入院のため長期にわたって保護者が家庭に不在となると、きょうだいへマイナスの影響があるとされています。きょうだいはいい子に見える場合でも、我慢や遠慮をしたり、自分を責めたり、疎外感を覚えたり

していることがあります。会話や相談のなかで、さりげなくきょうだいに関しても話題を向けるようにし、保護者がきょうだいの心情へも目を向けられるようにしてください。

（7）養護教諭との連携

病気の子どもの病状や体調は日々変動します。それに応じた指導をするだけでなく、自己管理能力の獲得や病状に合った生活習慣の形成を促すためにも、養護教諭との連携は不可欠です。病気の子どもにとって保健室とは、病気について話したり、必要な処置を安全に行ったりできる場所です。また、養護教諭は年度によって変わることも少なく、継続したかかわりをもちやすいという特徴もあります。病気の子どもと養護教諭が信頼関係を築くことで、学校生活での安全や安心感が高まるでしょう。

5 特別な場での指導

病弱・身体虚弱特別支援学級は、2017（平成29）年度で小中合わせて2,111学級（文部科学省, 2018c）あり、この20年間で倍以上に増加しています。感染症対策や療養上の配慮が必要な児童生徒が増加していると考えられます。

また、病弱・身体虚弱特別支援学級の約2割は病院内に設置される、いわゆる院内学級です。院内学級で指導を受ける場合、その学級を設置している小・中学校へ学籍を移す必要がある場合もあります。学籍を移した場合も、退院後に復学することを見通して、学習指導や心理的サポートが行われます。

一方で、病弱・身体虚弱を対象とした通級による指導は2017（平成29）年度で小中合わせて29名（文部科学省, 2018c）であり、これまでほとんど活用されていません。京都府や千葉県では小・中学校に通えない児童生徒や院内学級のない病院へ入院する児童生徒などを対象に、特別支援学校（病弱）による通級による指導も始められており、今後の発展が期待される制度でもあります。

6 専門機関との連携

（1）医療機関

生活に配慮が必要な病気が見つかったときや長期の入院から戻ってくるとき

などは、主治医や家族を交えた話し合いの機会を設けましょう。担任が医療関係者と良好なコミュニケーションをとることで子どもの学習参加が促され、保護者の安心にもつながります。ただし、医師には守秘義務があるため、主治医への連絡は子どもや保護者の了解を得てから行うようにしましょう。

（2） 病棟保育士

　子どもが長期入院する小児病棟やこども病院などには、入院中の遊びや成長・発達を保障するために病棟保育士*が配置されています。近年はチャイルド・ライフ・スペシャリスト（以下、CLS）**やホスピタル・プレイ・スペシャリスト（以下、HPS）***など、病気の子どもへの心理社会的な支援を行う専門家が配置されることも増えてきました。

　病棟保育士やCLS、HPSといった専門職は直接治療にかかわりませんが、制限の多い入院生活のなかで子どもらしさを支える重要な存在です。たとえば、遊びのなかで感情を表すなど子ども本来の姿を見せたり、医療関係者には言えない本音を漏らしたりすることもあります。入院中の様子や成長・変化、心の状態について把握するためには、これらの専門職とも連絡をとるといいでしょう。

（3） 特別支援学校

　各都道府県には病弱者を対象とする特別支援学校が1校以上設置されており、地域におけるセンター的機能の役割を担っています。地域の医療・福祉機関や

＊病棟保育士
病院内で勤務する保育士。医療保育士ともいいます。入院中の子どもたちを対象に遊びの機会を提供するのが主な仕事です。保育士資格があれば就けますが、医師や看護師とやりとりするため、医療や看護に関する知識も必要になります。

＊＊CLS（Child Life Spescialist）
米国を中心に発展してきた専門職。医療にかかわる子どもや家族が抱える精神的な負担を軽減し、子どもや家族が主体的に医療にかかわれるよう支援します。

＊＊＊HPS（Hospital Play Specialist）
英国を中心に発展してきた専門職。医療にかかわる子どもに遊び活動を提供することで情緒的な安定をもたらし、医療に対する肯定感や安心感をもてるように支援します。

病気に関連する患者・保護者団体とのつながりも深いため、病気の子どもの指導に関する情報だけでなく、地域生活に関する情報や支援のアイデアも豊富です。各学校はホームページやパンフレットなどで教育相談の窓口を公開していますので、病気の子どもの生活を支え、教育を充実させるために活用してください。

【引用・参考文献】

国立成育医療研究センター 小児慢性特定疾病情報室「小児慢性特定疾患治療研究事業における登録データの精度向上に関する研究－平成25年度の小児慢性特定疾患治療研究事業の疾病登録状況〔確定値〕－」『平成28年度厚生労働行政推進調査事業費補助金（難治性疾患等政策研究事業（難治性疾患政策研究事業））「小児慢性特定疾病対策の推進に寄与する実践的基盤提供にむけた研究」分担研究報告書』2017年

厚生労働省「平成23年患者調査」2012年

厚生労働省「健康用語辞典」『e-ヘルスネット』HP、2008年

文部科学省「学校保健統計調査──平成29年度」2018年ａ

文部科学省「学校保健統計調査──平成元年度」1990年

文部科学省「平成28年度「児童生徒の問題行動・不登校等生徒指導上の諸課題に関する調査」（確定値）について」2018年ｂ

文部科学省「特別支援教育資料（平成29年度）」2018年ｃ

日本学校保健会「〔平成23年度改訂〕学校生活管理指導表」2011年

西牧謙吾「慢性疾患児の自己管理支援に関する研究」国立特別支援教育研究所『病弱教育研究部一般研究報告書』2004年

谷口明子「入院児の不安の構造と類型──病弱養護学校児童・生徒を対象として」『特殊教育学研究』42（4）、2004年、pp. 281-291

全国特別支援学校病弱教育校長会『病気の児童生徒への特別支援教育──病気の子どもの理解のために』国立特別支援教育総合研究所、2010年

全国特別支援学校病弱教育校長会『特別支援学校の学習指導要領を踏まえた病気の子どものガイドブック──病弱教育における指導の進め方』ジアース教育新社、2012年

ウェブサイトの活用案内

先生のための教育事典 EDUPEDIA
https://edupedia.jp/

小・中学校を中心に授業案や指導・教材のアイデアが豊富に投稿されており、「特別支援」のカテゴリーもある。また、サイト内で「病弱教育」を検索すれば、院内学級の様子や復学支援についてまとめた病弱教育特集が見つかる。

病弱教育支援冊子「病気の児童生徒への特別支援教育～病気の子どもの理解のために～」
全国特別支援学校長会　http://www.zentoku.jp/index.html
［学校長会団体］→［全国特別支援学校病弱教育校長会］→［支援冊子］

通常の学級に在籍する子どもにみられる疾患やその支援の必要性について書かれた冊子。入院治療が必要な子どもの復学支援のために必要な情報も掲載。

COLUMN

入院中の子どもの教育

　新聞やテレビで「院内学級」という言葉を聞いたことがある人もいると思いますが、正式な名称ではありません。入院中の子どもの教育にはいくつか種類がありますが、以下のような病院内で行われる教育が広く院内学級と呼ばれているようです。
①併設・隣接されている特別支援学校（本校・分校）に通学して行われる教育
②特別支援学校が病院内に分教室を設けて行う教育
③特別支援学校が病院に教員を派遣して行う教育（訪問教育）
④小・中学校が病院内に特別支援学級を設けて行う教育（狭義の院内学級）
　①では学校の校舎や敷地が病院とつながっていることが多く、通学に負担がないようになっています。③ではベッドサイドの個別指導だけでなく、病院内の部屋を借りて指導が行われる場合もあります。また、①〜③については知的障害や肢体不自由など病弱以外の障害種の特別支援学校が分校・分教室を設けたり、訪問教育を行っている場合もあります。
　教育の内容は基本的に小・中学校などと同じですが、具体的な学習内容や指導方法は病状や学習状況に応じて決めます。院内学級の教員に性格や入院前の学習状況、クラスメイトとの関係などを伝えておくとよいでしょう。また、基本的に特別支援学校や特別支援学級を所管する小・中学校への転校手続きが必要です。元の学校からは学籍がなくなりますが、退院後に戻ってくることを見通してクラスとつながりを保つことが大切です。

クラスの子どもが入院・転校したとき

　たとえば担任として面会に行く、クラスメイトからの手紙や学級通信、授業資料を届けるなどの工夫が考えられます。教室の机やロッカーの荷物をそのままにしておく、作品の掲示や係の名前を残しておくなどをすればクラスに居場所を失うことはなく、またクラスメイトにとっても入院している子どもの存在を感じやすいでしょう。ただ、入院中は病状の変動や大きな手術・検査を控えて学校のことを考えられないときもあるので、働きかけの内容や頻度は、保護者や院内学級の教員と連絡を取りながら検討してください。

　入院中の教育に関しては課題も多くあります。まずは院内学級が設置されているのは主に大規模病院であり、設置されていない病院も多いことです。院内学級がない場合も、保護者は病院と相談して教員の派遣を依頼することができるのですが、その制度を保護者が知らなかったり、また教育のことまで気が回らないこともあります。教育委員会や病弱特別支援学校の相談窓口を紹介するなど、教育の機会が保障されるように働きかけてください。とくに、高校生を対象として行われる教育は極端に少ないのが現状です。大阪や神奈川では入院中の高校生からの訴えをきっかけに、教員を派遣する制度が始まっています。

　次に、近年は小児がんなど難病の場合、高度な技術をもつ専門病院で治療が行われるようになり、市町村や都道府県を越えて入院するケースがあります。その場合、集中的な治療や大がかりな手術が行われたり、遠方へのつきそいなど保護者の負担も大きくなるため、元の学校とのつながりが薄くなりやすいです。主治医や院内学級の教員と連絡を取って様子を把握したり、メールやビデオレターなどを活用して励ますなど、つながりを保つように工夫してください。

第15章

知的障害の理解と支援

1 L君のケース

　L君は、小学校の特別支援学級に通う1年生。言語発達に遅れがあり、話せることばの数は少ないのですが、先生や友達とともに過ごす学校は大好きです。でも、登校前の準備は大変。

　「パジャマを脱いで」「服を着て」「ズボンをはいて」とお母さんは毎日L君に言って説明しますが、なかなか一人ではできません。次に何をすればいいか、先を読んで計画的に行動してほしいのですが、それはとても難しいようです。一つ一つの行動のペースもゆっくりで、つい早く早くと言ってしまうことも…。手順どおりにできるときもあり、「理解できたのかな」と思えても、次の日にはまた同じことを説明しないといけないこともあります。同じことの繰り返しに、「なぜわからないの」とお母さんは困っています。

　実はL君、言語表出だけでなく言語理解にも困難があります。何度も説明されて「わかった？」と尋ねると、本人は「うん」とうなずくけれど……。あとで考えてみると、簡単な言語指示に思えても、本人には意味がわからない場合があるようです。

　学校では、先生はL君にゆっくりとおだやかに話しかけ、一文を短くして、まず要点だけを伝えるよう心がけています。ことばだけでなく、絵カードや写

真を添えて手順を明確にしたり、実物を見せて説明するのも効果的なようです。学校での学びの様子を先生から聞いたお母さんは、それを参考に、あせらず、あきらめず、毎日少しずつ登校前の準備を続けました。そして、習得に時間はかかりましたが、今では一人でできることが多くなってきました。

2 知的障害とは

(1) 用語をめぐって

　知的発達が遅れていることを表す呼称は、時代とともに変わってきました。差別的な意味を含むものも多かったからです。法律用語として長く用いられてきた「精神薄弱」は、精神全般の欠陥や人格を否定するような印象を与えるため差別的と批判され、議論を重ねた結果、1999（平成11）年4月1日施行の法律で**知的障害**に改められました（「精神薄弱の用語の整理のための関係法律の一部を改正する法律」）。現在、「知的障害」は最も一般的な用語といえます。

　一方、知的障害とほぼ同義の「精神遅滞」(Mental Retardation) は、主に医学領域で用いられてきましたが、最近では変化がみられます（宮本, 2007）。たとえば、アメリカ精神医学会が2013年に発表したDSM－5（「精神疾患の診断・統計マニュアル」第5版）では、これまでの「精神遅滞」に代わり、「知的能力障害群」(Intellectual Disabilities) のなかに「知的能力障害（知的発達症／知的発達障害）」〔Intellectual Disability (Intellectual Developmental Disorder)〕という用語（日本精神神経学会・髙橋・大野, 2014, p. 33）が表記されています。

(2) 定義

　知的障害とは何かを定義した法律はありませんが、多くの機関が示している定義には共通点があります。それは、知的機能の発達に明らかな遅れと、適応行動の困難性をあわせもち、発達期に起こるとする点です。

知的機能の明らかな遅れとは、**知能検査**のIQ（知能指数）がおよそ70以下とされています。ただし、単に知的機能が遅れているだけで知的障害とはされません。適応行動の習得や習熟に困難があって、実際の生活において支障・不利益をきたしている状態が同時に存在する状態を意味します。また、発達期（おおむね18歳まで）に起こるとされるので、成人になっての外傷性頭部損傷や高齢期の認知症などに伴う知的機能の低下は含みません。

　なお、「教育支援資料」（文部科学省，2013）によれば、「知的障害とは、一般に、同年齢の子供と比べて、「認知や言語などにかかわる知的機能」が著しく劣り、「他人との意思の交換、日常生活や社会生活、安全、仕事、余暇利用などについての適応能力」も不十分であるので、特別な支援や配慮が必要な状態とされている。また、その状態は、環境的・社会的条件で変わり得る可能性があるといわれている。」と示されています。

　これには、前述の基準と同様の内容が含まれていますが、最後の部分「環境的・社会的条件で変わり得る可能性」の記述に注目すべきでしょう。たとえば、適切な教育的対応により、知的発達の遅れが目立たなくなったり適応行動がある程度改善されたりする場合があります。すなわち、子どもの医学的条件だけで知的障害の状態が決まるのではなく、子どもを取り巻く環境的・社会的条件との関係で、状態が変わりうる場合があることを示しています。

（3）診断基準

　精神医学における国際的診断基準には、アメリカ精神医学会による**DSM**と、世界保健機関による**ICD**があります。
　定義の項目で述べた知的障害の3つの基準は、**DSM-5**では次のように示されています。

知的能力障害（知的発達症／知的発達障害）

知的能力障害（知的発達症）は、発達期に発症し、概念的、社会的、および実用的な領域における知的機能と適応機能両面の欠陥を含む障害である。以下の3つの基準を満たさなければならない。
A．臨床的評価および個別化、標準化された知能検査によって確かめられる、論理的思考、問題解決、計画、抽象的思考、判断、学校での学習、および経験からの学習など、知的機能の欠陥。

B. 個人の自立や社会的責任において発達的および社会文化的な水準を満たすことができなくなるという適応機能の欠陥。継続的な支援がなければ、適応上の欠陥は、家庭、学校、職場、および地域社会といった多岐にわたる環境において、コミュニケーション、社会参加、および自立した生活といった複数の日常生活活動における機能を限定する。
C. 知的および適応の欠陥は、発達期の間に発症する。

出典：日本精神神経学会・髙橋・大野 2014

　知的障害の程度については、医学領域では従来、IQ50～69を軽度、35～49を中等度、20～34を重度、20未満を最重度と分類（有馬，2007）してきました。軽度の占める割合が大きい（80～85％）ことが知られています。また、DSM-5では知的障害の有病率は、約1％と報告されています。
　ただし、学校教育においては、診断の有無や困難さの軽微にかかわらず、教育的支援が必要な子どもに適切に指導支援することが求められています。医学的観点より多くの子どもを対象としているといえます。

3 特性とその理解

　知能検査の反応過程や結果を分析したこれまでの研究によれば、知的障害のある子どもには、一般的に注意、知覚、記憶、推理・判断などに遅れや偏りがあるとされます。障害の程度によって状態像はさまざまですが、認知や言語などの特徴として次のような例があげられます。

思考

　具体的な事物やできごとを中心に認識が進むため、目に見えないものについて考えたり、抽象的な概念を理解することが苦手です。抽象化と一般化に困難があるため、概念の形成に困難がみられます。犬、馬、ライオン、象などを見て、一つ一つの名称や特徴に反応できても、「動物」と一般化された概念の獲得になると困難さが増すなどの例があげられます。

記憶

　記憶は思考やことばにも関連している重要な能力です。記憶の種類には、感覚記憶（感覚器官を通して入力された情報で、ごく短時間（約1秒内外）しか保持されない）、**短期記憶**（容量が少なく、十数秒しか保持されない。たとえば、今聞いたいくつかの数字をすぐ再生する）、長期記憶（長期にわたって貯えられる）があげられます。

　これまでの記憶研究によれば、知的障害児は短期記憶に弱さがみられ、一度に多くのことを覚えられないことが指摘されています。たとえば買い物学習の場面で、頼まれた買い物が一度に4つ、5つとなると、何かしら足りないものがあったりします。覚えておくために「○○」「△△」などと、繰り返し頭のなかで、あるいは口に出して唱えて記憶にとどめておく工夫（「リハーサル」という記憶方略）を自発的かつ効果的に用いることも少ないので、すぐ忘れてしまいがちです。

　短期記憶と記憶方略に課題がありますが、少しずつ、繰り返し、経験を積み重ねていくことが大切です。いったん長期記憶に移されると、比較的安定して保たれることも指摘されています。

ことば

　知的障害があることに気づくきっかけの一つは、ことばが出ない、話せることばが少ない、一語文の時期が長くてことばがつながらないなど言語発達に関する遅れです。言語能力は一般化や抽象化などの認知能力と密接に関連するため、認知に遅れがある知的障害ではさまざまな困難（始語の遅れ、語い数の少なさ、不適切な文法、構音障害など）を示すと考えられます。

　たとえば有馬（2007）は、①省略語が多い（語尾だけを残し、「ぎゅうにゅう」を「にゅう」というなど）、②指示代名詞が多い（「これ」「あれ」など指示代名詞を多く使い、具体的な名詞はあまり出てこない）、③助詞の間違いが多い、④会話のすれ違い、⑤遠回りな表現が多い、⑥構音障害がみられる（発音に障害がみられることがある）という点をあげています。

　学齢期に入ると、簡単なことばの理解はできていても、込み入った話や長い文章になると伝わりにくいとか、文字や文章の読み書きが苦手といった課題が明らかになってきます。言語理解と言語表出との差が大きく、聞いたことをある程度理解できても、自分の要求や思いをことばで上手に表現できないことがあります。その結果、指示に従わず、その場で動かなくなってしまって周囲が

困るということも生じますが、本人は混乱し不安になって困っている場面も実は多いのです。

意欲・動機づけ

知的障害のある子どもたちは、失敗を回避しようとする傾向が強いこと、新しいことに挑戦して課題解決しようとする傾向が低いことが知られています。普段の生活のなかで失敗することが多く、自己評価が低くなりがちという背景が考えられます。

知的障害児の認知・学習を研究したジグラー（Zigler, E.）によれば、健常児は問題解決自体を喜びとする傾向があるのに対し、知的障害児は自分を支持してくれる大人とのやりとりや、ごほうびなどの外的な報酬に対する動機づけが顕著であると考えられています（梅谷, 2004）。

何かの課題が示されたとき、嫌がってやろうとしないとか離席などの問題行動を示す場合、難しいと感じての回避や新しい事態への混乱・不安から生じているかもしれません。まずは、いつもやっている（しかも自分でできる）課題から入り、いいペースで進んだあとで新しい課題に挑戦するという方法も効果的と思われます。

運動

知的障害のある子どものなかには、知的発達だけでなく運動発達にも遅れがみられる子どもも少なくありません。粗大運動だけでなく、手先を使った細かい微細運動（ハサミで上手に切る、ひもを結ぶ、鉛筆で文字をていねいに書くなど）が苦手であったり、全体的な動きにぎこちなさがある子もみられます。

多くの場合、成長に伴って発達していきますが、運動そのものがあまり好きではない子も多く、身体を動かして楽しかったという環境づくりを無理のない範囲で準備することが望まれます。

学習上の特性

知的障害のある子どもは健常児に比べ、何かを学習するのに時間と労力がかかります。また、習得した知識や技能が偏り断片的になりやすいこと、そのため実際の生活には応用されにくいことが指摘されています。指導内容については、より実際的・具体的な方が習得されやすいという傾向がみられます。

4 担任としての支援や配慮

〈見通しをもって行動できるように〉

　知的障害のある子どもは、新しいことに対応することが難しく、習得に時間がかかります。ただし、繰り返し体験していると、それがパターンになって身につくことも多くあります。毎日同じ時間に決まった日課を設定してパターン化する、学習環境をわかりやすくする（たとえば、学習活動の流れや活動手順を図やイラストで視覚化する）などの工夫をすれば、見通しをもって行動しやすいでしょう。

〈興味・関心・長所を生かして〉

　できないことばかりを見つけて注意することが多くなりがちですが、その子どもの得意な面（長所）を生かすという視点をもちましょう。指導にあたっては子どもの興味・関心を把握し、それを生かせる活動や教材・教具を工夫すると効果的です。

〈具体的な活動を中心に〉

　目に見えない事象や抽象的なものの理解に弱さがあるので、生活に結びついた具体的な活動を中心に据えます。机に向かって知識を覚える活動ばかりではなく、実物を見たり、実際に活動を通して体験するなどの要素を上手に取り入れることも考えましょう。

〈成功経験を豊かに〉

　課題が難しそうな場合、**スモールステップ**（学習のステップをより細かく設定すること）で進めるのが効果的です。目標が高すぎると嫌になってあきらめてしまいがちですが、階段の一段一段を低くすれば登りやすくなるのと同じです。低くなった一段を登るのは簡単に大成功、次の一段もOK。その連続で結果的に目標地に近づかせます。スモールステップ化すれば、小さな成功が積み重なり、目標に近づくことができます。

　失敗経験が多くなりがちな子どもたちにとって、達成感がもてる経験はとても大切です。次の意欲につながり、自発的な活動が増えると考えられるからです。課題をやろうとしない、何となく避けようとする、問題行動を示すといっ

た様子が子どもに見られるときは、「何をどのようにするのか、指示内容がわかっているか」「課題が難しすぎないか」という点を点検してみましょう。

5 特別な場での指導

　知的障害のある子どもに対する教育を行う場には、特別支援学校と特別支援学級がありますが、通常の学級で学ぶ子どもたちもいます。

知的障害特別支援学級での指導

　知的障害特別支援学級の教育課程は、原則小・中学校の学習指導要領に基づいています。ただし在籍する子どもの状態に応じ、特別支援学校の学習指導要領を参考にして特別の教育課程を編成することが認められているので、特別支援学校の指導内容や方法と共通する点も多いといえます。たとえば、特別支援学校に独自の領域である**自立活動**を取り入れ、その指導内容27項目を参考に、子どもの障害の状態等に応じて、指導が行われています。

　小学校の知的障害特別支援学級では、知的発達の遅れに応じた教科の指導のほかに、心身の調和的発達、基本的生活習慣の確立、日常生活に必要な基礎的な知識、技能および態度の習得、集団生活への参加と社会生活の理解などを目標としています。

交流及び共同学習における配慮――通常の学級の教員に向けて

　小・中学校学習指導要領の総則では、他の学校や園との連携や交流を図るとともに、「障害のある幼児児童生徒との交流及び共同学習の機会を設け、共に尊重し合いながら協働して生活していく態度を育むようにすること」が、学校運営上の留意事項に示されています。その際、障害の特性などに応じてどのような配慮が必要となるのでしょうか。知的障害では次の点があげられています（文部科学省HP「交流及び共同学習ガイド」）。

①興味・関心をもつことのできる活動を工夫する。
②言葉による指示だけでなく、絵や写真等を用いたり、モデルを示したりすることによって、子どもたちが活動内容を理解しやすくする。
③繰り返しできる活動にしたり、活動の手順を少なくしたり、絵や写真等を用い

て手順が分かりやすくなるようにしたりして、見通しをもちやすくする。
④得意とする活動や普段の授業で慣れている活動を行うようにして、活躍できる場を多くする。
⑤子どもの行動の意味や背景等を必要に応じて適切に説明するなどして、子ども同士が理解し合い友達になれるようにする。

6 専門機関との連携

　一人一人のニーズの把握や、必要とする支援の内容・方法について、学校内外で連携する必要があるとき、特別支援教育コーディネーターの教員が中心となって調整し、校内委員会で検討します。
　連携の内容・方法は多様です。通常の学級の教員は、特別支援学級の教員と連携し、子どもの指導・支援方法や保護者との連携・対応について助言を得ることが考えられます。また、必要に応じて特別支援学校のセンター的機能（たとえば地域支援）を活用すれば、特別支援学級の教員にとっても参考になる助言が得られるでしょう。
　教育委員会などに設置される専門家チームや巡回相談員の活用もあげられます。
　いずれの場合にも、日頃から保護者との信頼関係を築きながら、必要な説明をていねいにしていくことが望まれます。

【引用・参考文献】

American Psychiatric Association, "Diagnostic and Statistical Manual of Mental Disorders, Fourth Edition,Text Revision" American Psychiatric Publishing, 2000／高橋三郎・大野裕・染矢俊幸（訳）『DSM-Ⅳ-TR精神疾患の診断・統計マニュアル（新訂版）』医学書院、2004年
有馬正高監修『知的障害のことがよくわかる本』講談社、2007年
宮本信也「知的発達障害」『母子保健情報』55、恩賜財団母子愛育会、2007年、pp. 24-27
文部科学省「Ⅲ　知的障害」『教育支援資料～障害のある子供の就学手続と早期からの一貫した支援の充実～』2013年
文部科学省HP「交流及び共同学習ガイド」
日本精神神経学会 日本語版用語監修、高橋三郎・大野裕（監訳）『DSM?5 精神疾患の診断・統計マニュアル』医学書院、2014年、p. 33
梅谷忠勇『図解　知的障害児の認知と学習――特性理解と援助』田研出版、2004年

COLUMN

スペシャルオリンピックス

第15章　知的障害の理解と支援

　「スペシャルオリンピックス」とは、知的障害のある人たちの国際的なスポーツ組織です。4年ごとに世界大会（夏季と冬季）があり、2005年には冬季世界大会が日本の長野県で開催されました。それぞれのペースで競技に懸命にチャレンジする参加選手（アスリート）の様子は、当時大きな感動を呼びました。

　また、できないと思いこんでいる自らの障害観に改めて気づいた人もいたでしょう。スペシャルオリンピックスの創設者ユニス・ケネディ・シュライバー（アメリカの故ケネディ大統領の妹）は大会で、「障がい者はできないのではない。社会が彼らをできないと思って、できなくさせているのだ」と演説したといわれています（ドキュメンタリー映画『able（エイブル）』小栗謙一監督のメッセージより）。

　スペシャルオリンピックスのスポーツには、いくつかの特徴があります。知的障害のある人たちの成長にはスポーツが大きなプラスとなること、多様な人との交流を通して成長し、共に楽しむことが重要であるという観点から、「結果よりも過程を重視する」ためです。具体的には「競技会だけではなく、それを支える継続的なトレーニングを一人一人に合わせたプログラムで提供する」「競技会では、能力を十分に発揮できるよう性別、年齢、競技能力などでグループ分け（ディビジョニング）して、だれもが平等に競い合うチャンスを提供する」「競技したすべてのアスリートを称え表彰する」などがあげられます。

【参照元】

映画『able』　ableの会HP「作品紹介『able』」http://film-able.com./able_top/

第16章
外国につながる子どもの理解と支援

1 M君のケース

　M君は小学校1年生のときに外国人の両親と初めて来日しました。入国してすぐに、公立小学校に編入しましたが、日本の学校になじめず数か月で在日外国人学校に転校していきました。2年ほど経ったころ、外国人学校の授業料が高騰したため、M君は再び公立小学校に戻ってきました。

　M君は現在、小学校5年生です。図工と体育が好きで、今では休み時間や放課後に、サッカーやドッジボールをして友達と元気よく遊ぶ姿が見られるようになりました。友達との会話もかなり上達しましたが、日本語の読み書きや読解の力はまだまだ十分とはいえません。国語と社会はとくに苦手にしています。

　しかし、M君のお母さんがそのことを気にかけている様子はありません。M君は流暢に日本語を話すし、家族が日本語に困っているときに通訳してくれたりするので、M君の日本語の力に問題があるとは思っていないようです。M君の学習問題について学級担任とお母さんとのあいだに認識のずれがあるのですが、お互いにそのことに気づいていません。

2 外国につながる子どもとは

外国につながる子どもという表現を初めて聞いた人もいるでしょう。正式な定義はないのですが、両親または両親のどちらかが外国籍で、海外にルーツをもつ子ども、という意味で使われています。生まれた国や話す言葉などは問いません。

国籍は、外国籍の子どももいれば、日本人と外国人の国際結婚により日本国籍をもつ子どももいます。言葉も、外国語しか話さない日本国籍の子どももいれば、日本語しか話さない外国籍の子どももいます。

法務省の推計によると2017（平成29）年末現在、日本の学齢期にあたる6〜15歳の外国籍の子どもは128,511人で、多くはアジア、南米出身です（法務省, 2018）。とはいえ全員が小・中学校に通うわけではありません。その理由の一つは、外国籍の子どもは、保護者に**就学義務**がないからです。しかし保護者が公立の義務教育諸学校に子どもを就学させたいと希望した場合、「経済的、社会的及び文化的権利に関する国際規約（国際人権A規約）」や「児童の権利に関する条約（子どもの権利条約）」などにより外国籍の子どもも教育を受ける権利が保障され、日本人の子どもと同様、授業料不徴収、教科書の無償給与などの対象になります。

3 特性とその理解

(1) 日本語指導が必要な子どもたち

「学校基本調査」によれば、**公立小・中・高等学校に在籍している外国籍の子ども**の数は、2016（平成28）年度には80,119人でした（文部科学省, 2016）。そのなかには日本語の能力が十分でなく、授業がわからないという困難を抱える子どもがいます。こうした日本語指導を必要とする子どもの数は、公立の小・中・高等学校、特別支援学校に在籍する子どもを対象にした「日本語指導が必要な児童生徒の受入状況等に関する調査（平成28年度）」によると、外国籍の子どもは34,335人、日本国籍の子どもは9,612人で、合わせて43,947人でした（文部科学省, 2017）。その数は年々増加してきています（図16-1）。とくに日本国籍の日本語指導が必要な子どもは近年、急増しています。

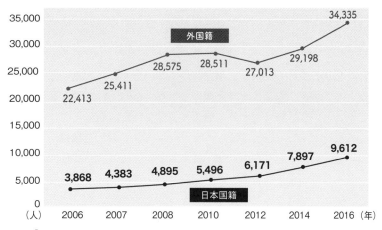

【図16-1】日本語指導が必要な児童生徒数　　出典：文部科学省 2017

（2）日本語指導が必要な子どもの言語

上述の調査で、**日本語指導が必要な子ども**を言語別に見てみましょう。外国籍の子どもたちの母語を多い順で並べると、ポルトガル語、中国語、フィリピノ語、スペイン語です。これらの言語は全体の78.3％を占めます。

次に日本語指導が必要な日本国籍の子どもの使用言語は、フィリピノ語、中国語、日本語、英語で、これら4言語で全体の76.7％を占めています（文部科学省, 2017）。

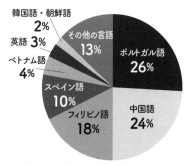

【図16-2】日本語指導が必要な外国籍児童生徒の母語
出典：文部科学省 2017

なお、日本語指導が必要な日本国籍の子どもには、海外から帰国した子どものほかに、両親のいずれかが外国籍である二重国籍の子どもが含まれています。

（3）集住化と散在化

日本語指導が必要な外国籍の子どもたちは、日本のどこの地域に住んでいるでしょうか。先ほどの調査によると、都道府県別の在籍者数の多い順に愛知、神奈川、東京、静岡、大阪、三重となっており、これら上位6都府県で6割を占めます。

つまり日本語指導が必要な子どもは特定の地域に集中して住んでいる傾向が

見てとれます。

　その一方、日本語指導が必要な子どもが1名以上在籍する市区町村数は、全市区町村の約5割であり、これらの子どもが1名以上在籍する公立小・中学校は全公立小・中学校の2割に達しています。そのうちの約8割の学校が、在籍人数が1〜4人の少人数となっている状況であり、日本語指導が必要な子どもが全国に散在化する状況も認められます（文部科学省, 2017）。

　このように、日本語指導が必要な子どもたちは、特定の地域にかなりの集団で住んでいる集住化と、ごく少数の人たちが地域に散らばって住んでいる散在化の状況であることがわかります。

（4）外国につながる子どもの課題

日本語の壁

　外国につながる子どものなかには、日本語での日常会話が十分にできない子どもや、日常会話はできても読み書きなど学習に必要な日本語の能力が十分ではなく、学習活動への参加が困難な子どもがいます。公立学校に在籍する外国人児童生徒の約4割がそのような「日本語指導が必要な児童生徒」であり、その数は増加傾向にあると報告されています（文部科学省, 2017）。

　しかし、日本語指導が必要な子どものうち、実際に小・中学校などで指導を受けているのはその8割程度で、横ばいまたは低下傾向にあります。その背景には、全国的に日本語指導が必要な子どもの数が増加していることに加え、指導にあたる教員や支援員などの体制が十分に整っていない散在地域や少数在籍学校において、急増する子どもたちに必要な指導を十分に行えていないことがあげられています（文部科学省, 2016）。

　外国につながる子どもの日本語能力の問題は、学習活動のみならず学校生活のさまざまな面に影響を与えます。学習活動に関しては教科の理解、それによる基礎学力の定着が課題となります。学校生活では日本の学校文化が理解できない、学校になじめない、友達がつくれず孤立してしまうなどの問題を引き起こす原因となる可能性があります。

家庭環境からの影響

　外国につながる子どもの保護者のなかには、日本で非正規労働者として働き、不安定な経済的地位に置かれている者も少なくありません。保護者の移動や転

職によって、子どもが日本の小・中学校と外国人学校とのあいだで転校を繰り返すケースがあります。また、保護者とともに日本と母国のあいだで出入国を繰り返したりするケースもあります。そのような環境のなかで生活をしていると、日本語も母国語も十分定着せず、学習の遅れが大きくなっていくことになります。このような母国語・日本語のどちらも十分身につけていない**ダブル・リミテッド**の状態の子どもの存在も課題となっています。

　また、子どもの日本語能力に問題がなくとも、外国人の保護者が日本語を十分習得していないため、家庭内で親子のコミュニケーションがうまく取れない状況も生じます。たとえば進路を決めるとき、子どもの希望が親にうまく伝わらないといった問題が起こったりします。

4　公立学校における支援体制

（1）外国につながる子どもの受入れ体制

　先に述べたように、外国籍の子どもたちには就学の義務は課せられていません。しかし彼らの学ぶ権利を保障するために、教育委員会は小学校就学の年齢に達した外国籍の子どもの保護者に対して就学案内を行います。就学の希望がある場合、ほかの児童生徒と同様に入学手続きを取ります。

　学年途中で転入してきた外国籍の子どもの場合は、保護者が役所で住居地の届出を行う際に公立小・中学校への編入希望があるか尋ねられます。あるいは市町村の住民基本台帳担当部署が学齢期の子どもがいるか確認し、いた場合、保護者に編入希望の有無を確かめます。その後、希望する保護者は教育委員会担当課で入学手続きを行うことになります。具体的な編入の仕組みについては、「外国人児童生徒受入れの手引き」（文部科学省, 2011）が参考になります。

（2）日本語指導の体制

　公立小・中学校に在籍する日本語指導が必要な子どもたちに対する指導体制や指導の実態（指導内容、指導時数、指導期間など）は地域や学校によってさまざまです。

　たとえば、外国人住民が集住する地域では、外国人児童生徒等教育を担当する教員が、学校内に設けられた**国際教室**や**日本語教室**で学習・生活指導を行います。指導は子どもたち一人一人の日本語能力、母語の能力、発達段階、基礎

学力、文化的背景を踏まえて行われます（文部科学省, 2016）。

　担当教員は日本語指導を必要とする子どもたちが苦手とする国語や社会などの授業の時間に、支援が必要な子どもを在籍学級とは別の教室で指導（**取り出し指導**）したり、子どもたちが在籍する学級で補助的な指導を交えながら指導（**入り込み指導**）をしたりします。また、外国籍の子どもたちが多数在籍する学校では教員に加えて外部人材、たとえば支援員や通訳などを活用することもあります。しかし、これらの指導体制がとられるのは、主に初期指導の段階です。

　一方、外国人住民が散在して住む地域では、拠点校に配置された**日本語指導担当教員**が日本語教室を設置していない学校に巡回指導を行ったり、教育委員会から委嘱された支援員が巡回でサポートしたりする仕組みをとっています。しかし、学区に在籍する日本語指導が必要な子どもの人数が少ないため、指導に当たる教員が確保できず、学校内で支援を行うことができない場合もあります。

（3）「特別の教育課程」による日本語等の指導

　学校教育法施行規則の改正により、2014（平成26）年度から公立小・中学校等において**特別の教育課程**による日本語指導が制度化されました。

　これは、主として教員免許を有する日本語指導担当教員と、子どもの母語がわかる支援者などの日本語指導補助者により、原則として在籍校での「取り出し指導」として、年間10単位時間から280単位時間までを標準とする授業時数のなかで行われます。

　その目的は、①日本語を用いて学校生活を営むことができるようにすることと、②日本語を用いて学習に取り組むことができるようにすることです。

　①については、挨拶や体調を伝える言葉、教科や文房具、教室の備品名など、学校生活で日常的に使う言葉（サバイバル日本語）などを知って、使えるようにすることや、自分の名前を平仮名や片仮名で書いたり、教室に掲示されている文字を理解できるようにしたりするための学習を行います。

　②については、発音の指導、文字・表記の指導、語彙の指導、文型の指導など日本語の基礎的な知識や技能を学習したり、「聞く」「話す」「読む」「書く」の言葉の4つの技能のうち、どれか一つに焦点を絞って段階的に学習したり、教科の学習内容を理解することと日本語を学ぶことを組み合わせて学習したり、在籍学級の学習内容を先行的や復習的に学習したり、その子に応じた指導が行われます（文部科学省, 2011）。

5 学校や担任としての支援や配慮

(1) 学校全体の共通認識

　外国につながる子どもは、学校教員の教育観や平等観などに根底からゆさぶりをかけます。子どもたちを特別扱いしない、ほかの子どもと同様に扱う、それが教育の平等だという考えもあります。しかし異なる文化的背景をもつ子どもたちを一つの基準に合わせて教育をしようとすると、摩擦が生じます。たとえば子どもたちが学校で**不適応**を起こし不登校になったり、日本の**学校文化**と子どもの**親の価値観**が衝突し、信頼関係が築けなくなったりします。

　異文化理解や多文化共生の考え方にもとづく教育が求められる現在、外国につながる子どもの教育を、問題への対応という消極的なとらえではなく、より積極的に位置づけることも必要ではないでしょうか。共に学ぶことを通して、日本人の子どもたちに異なる文化を理解しようとする態度を育て、国際理解を深めるとともに、国際社会に生きる人間として望ましい態度やコミュニケーション能力を育てることが期待されます。外国につながる子どもが在籍する学校の教職員すべてが、このような積極的な意義を認識することが大切になります。

(2) 学級担任としての配慮

　一つ目は子どもの学習経験や日本語の能力などを考慮し、授業で使う日本語や学習内容を理解しやすくするための支援や、理解したことを適切に表現できるようにするための支援を心がけてください。たとえば、ゆっくりはっきり話す、子どもに日本語による発話を促す、絵や図などの視覚的支援を活用する、学習目的や流れがわかるワークシートの活用など、教材を工夫するなどです。また、授業中に子どもが発言しやすい雰囲気づくりに努め、日本語に自信をもてるように指導してください。

　二つ目は、受容的な学級の雰囲気づくりをするなど子どもの居場所づくりに努めてください。外国につながる子どもを孤立させないよう、学級での子ども同士のつながりを促します。たとえばグループ活動では面倒見のいい子どもと一緒に組ませます。学校での帰属意識を高めるために子どもを学校行事に積極的に参加させます。また、言葉の問題とともに生活習慣の違いなどによって不適応の問題が生じる場合もあるので、担任自身が子どもの言語的・文化的背景に関心をもち、理解しようとする気持ちをもつことが大切です。

（3）保護者との信頼関係づくり

　日本の学校文化や教育制度などについて十分に理解していない外国籍の保護者が少なくないので、担任は受入れ当初の面接の際に、保護者に学校生活上の最低限必要な情報などを明確に具体的に伝えることが必要です。日本人にとって当たり前のことでも、外国籍の保護者からすると理解できないことや納得できないことがあるのです。また、保護者が日本語をどの程度理解できるのかなども事前に把握しておくことも大切です。

6　専門機関との連携

　外国につながる子どもを支援する組織や団体は、学校以外にも存在します。市町村の国際交流協会をはじめNPO団体、ボランティア団体などです。主な支援対象は成人ですが、地域によっては子どもを中心に支援するボランティア団体やNPO団体が活動し、学習支援や日本語学習支援、日常生活支援などをしています。学校で十分な支援ができない場合、これらの機関を活用するとよいでしょう。外国人住民が集住する地域では子どもが親の母語を学べる場があったりします。母語教育を重要視する保護者らにはぜひ紹介してあげてください。

【引用・参考文献】
学校における外国人児童生徒等に対する教育支援に関する有識者会議「学校における外国人児童生徒等に対する教育支援の充実方策について（報告）」文部科学省、2016年
法務省「在留外国人統計（旧登録外国人統計）2017年12月」2018年
文部科学省「外国人児童生徒受入れの手引き」2011年
文部科学省「平成28年度学校基本調査（確定値）」2016年
文部科学省HP「学校教育法施行規則の一部を改正する省令等の施行について（通知）」2014年
文部科学省「「日本語指導が必要な児童生徒の受入状況等に関する調査（平成28年度）」の結果について」2017年
志水宏吉・清水睦美『ニューカマーと教育　学校文化とエスニシティの葛藤をめぐって』明石書店、2001年

ウェブサイトの活用案内

CLARINETへようこそ (Children Living Abroad and Returnees Internet)
http://www.mext.go.jp/a_menu/shotou/clarinet/main7_a2.htm
海外子女、帰国・外国人児童生徒の教育関係の情報を提供するサイト。「外国人児童生徒のためのJSL対話型アセスメントDLA」や「外国人児童生徒教育研修マニュアル」なども掲載されている。

第17章

貧困家庭の子どもの理解と支援

1 Nさんのケース

　母子家庭で暮らす小学6年生のNさんは、学校を休みがちで、登校しても学習に取り組もうとしません。生活も昼夜逆転してしまうことがあるようです。しかし、担任の先生は、Nさんはけっして能力が低いわけではなく、やればできる子だと考えています。

　担任がNさんを叱りつけて、きちんと取り組ませようとしたこともありましたが、効果的ではありませんでした。久しぶりに学校に姿を現したNさんに面談をすることを伝えると、最初は嫌がっていましたが、渋々応じてくれました。「このままだと中学に進学してからが大変だよ」と伝えますが、「別に考えてない」「適当」と答えます。心配していることを伝えても、「どうせ、先生にはわからない」と視線を合わせてもくれません。

　別の日、Nさんは授業を抜けて保健室で過ごしています。養護教諭がNさんのスカートの裾がほつれていることに気づいて縫ってあげていると、Nさんは母親の仕事がパートなので経済的に苦しいことや、無理して働いている母親の体調が心配だということを伏し目がちに話しだしました。

2 子どもの貧困とその現状

(1) 子どもの貧困とは

近年、**子どもの貧困**ということばを耳にすることが増えました。子どもの貧困は遠い国で起きていることではなく、私たちが暮らす日本という国で現実に起きています。

貧困は**絶対的貧困**と**相対的貧困**の二つに分けて考えられます。絶対的貧困とは、生きていくために必要な衣食住を得ることが困難な状況を指し、世界銀行では1日の所得が1.90米ドル以下を基準としています。

一方、相対的貧困とは、その社会における慣習や通念上、当たり前とされる生活が保てない状況（阿部, 2012）とされており、わが国における子どもの貧困とは、この相対的貧困を指しています。

(2) わが国における子どもの貧困の現状

国民生活基礎調査（厚生労働省, 2017a）によると、2015（平成27）年の等価可処分所得の中央値の半分は122万円で、これを貧困線といいます。この貧困線に満たない世帯の割合が相対的貧困率となりますが、上記の国民生活基礎調査では15.7％でした。また、子どもの貧困率は13.9％で、それまでの調査結果に比べると比較的低い水準となりました（図17-1）。

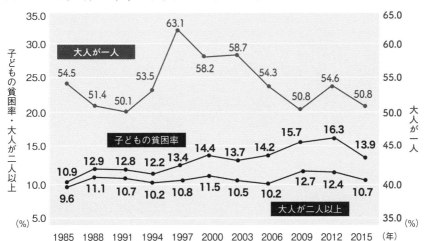

【図17-1】日本における子どもの貧困率の推移

出典：厚生労働省 2017a

しかし、従来から日本の子どもの貧困率は先進国のなかでも高い水準にあることが指摘されてきました（UNICEF, 2013）。

　さらに、ひとり親家庭（大人が一人の世帯）の相対的貧困率は、2015（平成27）年では50.8％と、大人が二人以上の世帯の10.7％と比べて非常に高くなっています（厚生労働省, 2017a）。その背景として、2016（平成28）年の「全国ひとり親世帯等調査結果」によれば、母子世帯・父子世帯ともに8割以上が就労していますが、雇用形態には大きな差異が見られます。就労している父子世帯のうち派遣社員やパート・アルバイトなどの非正規雇用は7.8％であるのに対して、母子家庭では48.4％にのぼり、結果として、母子世帯の年間平均就労収入は約200万円にとどまっています（厚生労働省, 2017b）。

　このように子どもの貧困の背景には、わが国が抱える社会的な構造上の課題が存在すると考えられます。絶対的貧困と異なり、相対的貧困は一見すると判別しにくいため周囲から理解されづらく、多くの人にとって身近にある問題とは認識しづらいことが多いです。

　しかし、後述するように、貧困は子どもたちにさまざまな否定的な影響を及ぼすため、2014（平成26）年には「子どもの将来がその生まれ育った環境によって左右されることのないよう、貧困の状況にある子どもが健やかに育成される環境を整備するとともに、教育の機会均等を図る」ことを目的として、**子どもの貧困対策の推進に関する法律**（子どもの貧困対策推進法）が施行されました。また、この法律にもとづき「子供の貧困対策に関する大綱」が示され、子どもの貧困問題に対してさまざまな取り組みが展開されはじめています。

3　貧困が子どもに与える影響

（1）低い進学率や学力

　近年、大学等への進学率は70％を超えています。しかし、ひとり親家庭の進学率は60％弱、生活保護世帯では約35％と差が見られます（内閣府）。大学等に進学することは個人的な選択ではありますが、貧困家庭の子どもたちのなかには進学したくてもできない状況にある子どもたちもいると考えられます。

　大学等への進学は、その後の所得にも影響を与えます。そして、親になったとき、子どもたちにかけることができる教育費にも差が生じ、子どもたちの世代においても大学等に進学することが困難な状況が継続してしまいます。

全国学力調査をもとにした分析では、家庭の所得や父母の学歴といった社会経済的な背景が低い子どもたちは学力テストの成績が低い傾向にあることが示されています。その背景には、経済的理由によって塾などの学校外教育を受ける機会が乏しいことも影響していると考えられています。

（2）意欲の低下

　先述したような進学率や学力の問題の背景には、意欲の低下も関係していると考えられています。大学等に進学したいという気持ちをもっていたとしても、それが家庭の経済的な状況によって困難だとわかると、貧困家庭の子どもたちは進学することを自らあきらめてしまうため、学習意欲や努力が低下してしまいます。また、職業選択の際にも、自分が就くことができる職業を意識的・無意識的に限定してしまうために学習意欲が出ず、低い教育水準にとどまることになる場合があります。

　このように、貧困家庭の子どもたちは肯定的な将来展望を描くことが難しく、学習をはじめとして、さまざまなことに取り組む意欲が低下してしまう可能性があります。

（3）友人関係への影響

　意欲の低さは、「自分は価値ある存在だ」というような感覚である自己肯定感の低さとも関連しています。自己肯定感が低いことで、学習や進路選択だけではなく、さまざまな側面において自分には価値がないと思い込んで消極的になり、友人関係などにも問題を抱えてしまうケースがあります。

　ほかの子どもたちがもっているゲームをもっていなかったり、塾や習い事など多くの子どもが経験するようなことが経験できなったりするために、疎外感を感じたり、仲間関係が広がりにくかったりすることがあるかもしれません。その結果、不登校やいじめの問題など学校不適応の状態に陥ってしまうこともあります。

（4）多様な経験の不足

　貧困家庭の子どもは、塾や習い事など多くの子どもたちと同じことが経験できないだけではなく、保護者が収入を得るために奔走しているため親子で過ごす時間が削られ、家庭での過ごし方や余暇活動にも否定的な影響を及ぼします。

　1989年、子どもの権利を示した、**児童の権利に関する条約**（子どもの権利条

約）が国連で採択され、日本は1994（平成6）年に批准しました。この条約には、子どもたちが子どもらしく過ごすために必要な子どもの権利が示されています。友達と遊んだり、好きなことに没頭したりするような経験は、子どもが自立を進めていく土台となるものですが、貧困はそうした経験を積むことを困難なものにしてしまうのです。

4 学校や担任としての支援や配慮

（1）学校教育が担う役割

　子どもの貧困への対応において最も重要なのは、貧困を発見し、必要な支援が受けられるように関係機関と連携することです。こうしたプロセスにおいて、学校は重要な役割を担います。

　子供の貧困対策に関する大綱では、学校を子どもの**貧困対策のプラットフォーム**として位置づけて総合的に対策を推進するとしています。地域の子どもたちが集まる場である学校を貧困対策の足場とし、早期の発見や介入に加えて、子どもの実態に応じた学習指導などの支援、継続した見守りなど継続的な支援を提供しつづけていくことが求められています（図17-2）。

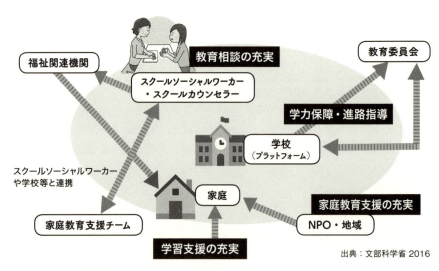

【図17-2】学校をプラットフォームとした総合的な子どもの貧困対策の推進

学校という場の特性を理解したうえで、以下に述べるような地域の関係機関や専門職とも連携しながら、子どもの貧困や児童虐待への支援に取り組む必要があります。

（2） 地域における支援体制の構築

子どもの貧困の問題は学校だけで解決できるものではないため、関係機関と連携しながら対応していく必要があります。その際、中心的な役割を担う機関として**児童相談所**があります。児童相談所とは、児童虐待をはじめ児童福祉に関係する相談対応を行う行政機関で、各都道府県や政令指定都市などに設置されています。

しかし、子どもの貧困の問題においては保護者の就労問題や、後述する児童虐待や親の精神疾患など、その他の福祉的支援を必要とする問題が関連しているケースもあるため、学校や児童相談所が単独で対応することには限界があります。そこで、地域の関係機関が連携して支援にあたるために、**要保護児童対策地域協議会**が設置されています。この協議会は児童相談所や保健所、医療機関、教育委員会、警察、弁護士会などから構成され、必要に応じて子どもや家庭についての情報が共有され、多面的な支援を実現するための協議が重ねられます。

さらに、貧困家庭の子どもたちの学力や生活体験を保証する取り組みも行われています。たとえば、NPOなどの民間団体が行政から委託を受けるなどして学習支援の場を設けたり、食事や居場所を提供したりしています。教員も地域にどのような機関や援助資源があるのかを把握することに努めましょう。

（3） スクールソーシャルワーカーの活用

学校における支援で中心的な役割を担うのが**スクールソーシャルワーカー**（SSW）です。SSWとは、福祉的な視点から子どもや家庭、教員、学校などを支援する福祉の専門職であり、近年、学校への配置が進められています。貧困家庭のなかには、生活が困窮しているにもかかわらず、公的サービスや制度を利用することができていない家庭もあります。また、周囲に援助資源に関する情報があるにもかかわらず、そこにアクセスしたり利用したりすることができずにいることも少なくありません。

SSWは家庭や学校と連携することはもちろんですが、子どもや家庭を児童相談所などの地域の関係機関とつないだり、家庭が必要とする情報を提供し、

公的サービスとつないだりする役割を担いながら、子どもや家庭を支援します。

（4）子どもの貧困への敏感さ

　教員には、第1に貧困の問題にさらされている子どもたちに気づくという敏感さが求められますが、明らかな外見的特徴があるわけではないため、容易ではない場合もあります。しかし、学力の不振や友人関係の問題、将来展望や意欲の低さなど、学校で見られる子どもの表れをつぶさに観察することで、そうした表れの背景に貧困や児童虐待が関係しているかもしれないと気づける可能性があります。担任だけで問題を解決することは困難ですが、担任が子どもの貧困に気づくことが問題解決の糸口となるという自覚をもっていてください。

　第2に、授業や学級活動で取り組む内容について、子どもの心情を理解する敏感さが求められます。たとえば、遠足や修学旅行など多くの子どもが楽しみにしているような学校行事や、授業参観や保護者会など保護者が参加するような学校行事の日を迎えるとき、子どもたちはどのような気持ちでその日を迎えるでしょうか。なかには弁当や旅行に必要なものを準備することに苦労する家庭があるかもしれません。あるいは、ひとり親家庭では保護者が学校行事に参加することが難しいかもしれません。

　こうしたことに対して担任が無関心でいる場合、子どもたちは教員や大人への不信感を募らせていく可能性もあります。担任がそうした子どもたちの存在に気づき、彼らが抱える困難を理解することができるような敏感さをもつことは、二次的な傷つきを防ぐとともに、彼らにとって大きな支えとなるはずです。

（5）貧困と密接にからみ合う問題を理解する

　貧困の問題を抱える家庭では、その他の福祉的な問題を抱えている場合もあります。たとえば、経済的な困窮から家庭内のストレスが高まり、ドメスティック・バイオレンス（DV）や**児童虐待**の問題を抱えているかもしれません。あるいは保護者の精神疾患のために育児が困難な状況にあるかもしれません。

　児童虐待やネグレクトが疑われる場合、**児童虐待の防止等に関する法律**（児童虐待防止法）では、すべての国民に児童相談所等への虐待の通告が義務として課せられています。そのなかでも教員や保育士など子どもにかかわる専門職には、より積極的な早期発見と通告が求められています。2015（平成27）年7月からは児童相談所の全国共通短縮ダイヤル「189（いちはやく）」も設けられました。

　このように児童虐待をはじめとして、貧困と密接にからみ合う問題について

の理解や適切な対応方法についても身につけておく必要があります。

【引用・参考文献】

阿部彩「「豊かさ」「貧しさ」：相対的貧困と子ども」『発達心理学研究』23（4）、2012年、pp.362-374
厚生労働省「平成28年 国民生活基礎調査の概況」2017年a
厚生労働省「平成28年度 全国ひとり親世帯等調査結果の概要」2017年b
文部科学省「教育の支援を必要とする方へ」2016年
内閣府「子供の貧困に関する指標の推移」
杉山登志郎『子ども虐待という第四の発達障害』学習研究社、2007年
ユニセフイノチェンティ研究所・阿部彩・竹沢純子『イノチェンティレポートカード11 先進国における子どもの幸福度──日本との比較 特別編集版』2013年、公益財団法人 日本ユニセフ協会（東京）

ウェブサイトの活用案内

子供の未来応援プロジェクト
https://www.kodomohinkon.go.jp/
内閣府が提供する子どもの貧困支援に関する情報のサイト。

子どもの権利条約特設サイト
https://www.unicef.or.jp/crc/
ユニセフが開設。子どもの権利条約の条文が子どもにも読みやすいイラスト入りで掲載されています。

付録 特別支援教育関連法規(抜粋)

教育基本法

第4条　すべて国民は、ひとしく、その能力に応じた教育を受ける機会を与えられなければならず、人種、信条、性別、社会的身分、経済的地位又は門地によって、教育上差別されない。

② 　国及び地方公共団体は、障害のある者が、その障害の状態に応じ、十分な教育を受けられるよう、教育上必要な支援を講じなければならない。

学校教育法

第16条　保護者（子に対して親権を行う者（親権を行う者のないときは、未成年後見人）をいう。以下同じ。）は、次条に定めるところにより、子に9年の普通教育を受けさせる義務を負う。

第17条　保護者は、子の満6歳に達した日の翌日以後における最初の学年の初めから、満12歳に達した日の属する学年の終わりまで、これを小学校、義務教育学校の前期課程又は特別支援学校の小学部に就学させる義務を負う。ただし、子が、満12歳に達した日の属する学年の終わりまでに小学校又は特別支援学校の小学部の課程を修了しないときは、満15歳に達した日の属する学年の終わり（それまでの間において当該課程を修了したときは、その修了した日の属する学年の終わり）までとする。

② 　保護者は、子が小学校の課程、義務教育学校の前期課程又は特別支援学校の小学部の課程を修了した日の翌日以後における最初の学年の初めから、満15歳に達した日の属する学年の終わりまで、これを中学校、義務教育学校の後期課程、中等教育学校の前期課程又は特別支援学校の中学部に就学させる義務を負う。

第18条　前条第1項又は第2項の規定によつて、保護者が就学させなければならない子（以下それぞれ「学齢児童」又は「学齢生徒」という。）で、病弱、発育不完全その他やむを得ない事由のため、就学困難と認められる者の保護者に対しては、市町村の教育委員会は、文部科学大臣の定めるところにより、同条第1項又は第2項の義務を猶予又は免除することができる。

第72条　特別支援学校は、視覚障害者、聴覚障害者、知的障害者、肢体不自由者又は病弱者（身体虚弱者を含む。以下同じ。）に対して、幼稚園、小学校、中学校又は高等学校に準ずる教育を施すとともに、障害による学習上又は生活上の困難を克服し自立を図るために必要な知識技能を授けることを目的とする。

第73条　特別支援学校においては、文部科学大臣の定めるところにより、前条に規定する者に対する教育のうち当該学校が行うものを明らかにするものとする。

第74条　特別支援学校においては、第72条に規定する目的を実現するための教育を行うほか、幼稚園、小学校、中学校、義務教育学校、高等学校又は中等教育学校の要請に応じて、第81条第1項に規定する幼児、児童又は生徒の教育に関し必要な助言又は援助を行うよう努めるものとする。

第75条　第72条に規定する視覚障害者、聴覚障害者、知的障害者、肢体不自由者又は病弱者の

障害の程度は、政令で定める。

第76条　特別支援学校には、小学部及び中学部を置かなければならない。ただし、特別の必要のある場合においては、そのいずれかのみを置くことができる。

② 特別支援学校には、小学部及び中学部のほか、幼稚部又は高等部を置くことができ、また、特別の必要のある場合においては、前項の規定にかかわらず、小学部及び中学部を置かないで幼稚部又は高等部のみを置くことができる。

第77条　特別支援学校の幼稚部の教育課程その他の保育内容、小学部及び中学部の教育課程又は高等部の学科及び教育課程に関する事項は、幼稚園、小学校、中学校又は高等学校に準じて、文部科学大臣が定める。

第80条　都道府県は、その区域内にある学齢児童及び学齢生徒のうち、視覚障害者、聴覚障害者、知的障害者、肢体不自由者又は病弱者で、その障害が第75条の政令で定める程度のものを就学させるに必要な特別支援学校を設置しなければならない。

第81条　幼稚園、小学校、中学校、義務教育学校、高等学校及び中等教育学校においては、次項各号のいずれかに該当する幼児、児童及び生徒その他教育上特別の支援を必要とする幼児、児童及び生徒に対し、文部科学大臣の定めるところにより、障害による学習上又は生活上の困難を克服するための教育を行うものとする。

② 小学校、中学校、義務教育学校、高等学校及び中等教育学校には、次の各号のいずれかに該当する児童及び生徒のために、特別支援学級を置くことができる。
1　知的障害者
2　肢体不自由者
3　身体虚弱者
4　弱視者
5　難聴者
6　その他障害のある者で、特別支援学級において教育を行うことが適当なもの

③ 前項に規定する学校においては、疾病により療養中の児童及び生徒に対して、特別支援学級を設け、又は教員を派遣して、教育を行うことができる。

学校教育法施行令

第2条　市町村の教育委員会は、毎学年の初めから5月前までに、文部科学省令で定める日現在において、当該市町村に住所を有する者で前学年の初めから終わりまでの間に満6歳に達する者について、あらかじめ、前条第1項の学齢簿を作成しなければならない。この場合においては、同条第2項から第4項までの規定を準用する。

第5条　市町村の教育委員会は、就学予定者（法第17条第1項 又は第2項 の規定により、翌学年の初めから小学校、中学校、義務教育学校、中等教育学校又は特別支援学校に就学させるべき者をいう。以下同じ。）のうち、認定特別支援学校就学者（視覚障害者、聴覚障害者、知的障害者、肢体不自由者又は病弱者（身体虚弱者を含む。）で、その障害が、第22条の3の表に規定する程度のもの（以下「視覚障害者等」という。）のうち、当該市町村の教育委員会が、その者の障害の状態、その者の教育上必要な支援の内容、地域における教育の体制の整備の状況その他の事情を勘案して、その住所の存する都道府県の設置する特別支援学校に就学させることが適当であると認める者をいう。以下同じ。）以外の者について、その保護者に対し、翌学年の初めから2月前までに、小学校、中学校又は義務教育学校の入学期日を通知しなければならない。

第11条　市町村の教育委員会は、第2条に規定する者のうち認定特別支援学校就学者について、都道府県の教育委員会に対し、翌学年の初めから3月前までに、その氏名及び特別支援学校に就学させるべき旨を通知しなければならない。

第14条　都道府県の教育委員会は、第11条第1項（第11条の2、第11条の3、第12条第2項及び第12条の2第2項において準用する場合を含む。）の通知を受けた児童生徒等及び特別支援学校の新設、廃止等によりその就学させるべき特別支援学校を変更する必要を生じた児童生徒等について、その保護者に対し、第11条第1項（第11条の2において準用する場合を含む。）の通知を受けた児童生徒等にあつては翌学年の初めから2月前までに、その他の児童生徒等にあつては速やかに特別支援学校の入学期日を通知しなければならない。

第18条の2　市町村の教育委員会は、児童生徒等のうち視覚障害者等について、第5条（第6条（第2号を除く。）において準用する場合を含む。）又は第11条第1項（第11条の2、第11条の3、第12条第2項及び第12条の2第2項において準用する場合を含む。）の通知をしようとするときは、その保護者及び教育学、医学、心理学その他の障害のある児童生徒等の就学に関する専門的知識を有する者の意見を聴くものとする。

第22条の3　法第75条の政令で定める視覚障害者、聴覚障害者、知的障害者、肢体不自由者又は病弱者の障害の程度は、次の表に掲げるとおりとする。

区分	障害の程度
視覚障害者	両眼の視力がおおむね0.3未満のもの又は視力以外の視機能障害が高度のもののうち、拡大鏡等の使用によつても通常の文字、図形等の視覚による認識が不可能又は著しく困難な程度のもの
聴覚障害者	両耳の聴力レベルがおおむね60デシベル以上のもののうち、補聴器等の使用によつても通常の話声を解することが不可能又は著しく困難な程度のもの
知的障害者	1　知的発達の遅滞があり、他人との意思疎通が困難で日常生活を営むのに頻繁に援助を必要とする程度のもの 2　知的発達の遅滞の程度が前号に掲げる程度に達しないもののうち、社会生活への適応が著しく困難なもの
肢体不自由者	1　肢体不自由の状態が補装具の使用によつても歩行、筆記等日常生活における基本的な動作が不可能又は困難な程度のもの 2　肢体不自由の状態が前号に掲げる程度に達しないもののうち、常時の医学的観察指導を必要とする程度のもの
病弱者	1　慢性の呼吸器疾患、腎臓疾患及び神経疾患、悪性新生物その他の疾患の状態が継続して医療又は生活規制を必要とする程度のもの 2　身体虚弱の状態が継続して生活規制を必要とする程度のもの

備考
1　視力の測定は、万国式試視力表によるものとし、屈折異常があるものについては、矯正視力によつて測定する。
2　聴力の測定は、日本工業規格によるオージオメータによる。

学校教育法施行規則

第121条　特別支援学校の小学部、中学部又は高等部の学級は、同学年の児童又は生徒で編制するものとする。ただし、特別の事情がある場合においては、数学年の児童又は生徒を1学級に編制することができる。

　②　特別支援学校の幼稚部における保育は、特別の事情のある場合を除いては、視覚障害者、聴覚障害者、知的障害者、肢体不自由者及び病弱者の別ごとに行うものとする。

③　特別支援学校の小学部、中学部又は高等部の学級は、特別の事情のある場合を除いては、視覚障害者、聴覚障害者、知的障害者、肢体不自由者又は病弱者の別ごとに編制するものとする。

第126条　特別支援学校の小学部の教育課程は、国語、社会、算数、理科、生活、音楽、図画工作、家庭及び体育の各教科、道徳、外国語活動、総合的な学習の時間、特別活動並びに自立活動によつて編成するものとする。

②　前項の規定にかかわらず、知的障害者である児童を教育する場合は、生活、国語、算数、音楽、図画工作及び体育の各教科、道徳、特別活動並びに自立活動によつて教育課程を編成するものとする。

第127条　特別支援学校の中学部の教育課程は、国語、社会、数学、理科、音楽、美術、保健体育、技術・家庭及び外国語の各教科、道徳、総合的な学習の時間、特別活動並びに自立活動によつて編成するものとする。

②　前項の規定にかかわらず、知的障害者である生徒を教育する場合は、国語、社会、数学、理科、音楽、美術、保健体育及び職業・家庭の各教科、道徳、総合的な学習の時間、特別活動並びに自立活動によつて教育課程を編成するものとする。ただし、必要がある場合には、外国語科を加えて教育課程を編成することができる。

第128条　特別支援学校の高等部の教育課程は、別表第3及び別表第5に定める各教科に属する科目、総合的な学習の時間、特別活動並びに自立活動によつて編成するものとする。

②　前項の規定にかかわらず、知的障害者である生徒を教育する場合は、国語、社会、数学、理科、音楽、美術、保健体育、職業、家庭、外国語、情報、家政、農業、工業、流通・サービス及び福祉の各教科、第129条に規定する特別支援学校高等部学習指導要領で定めるこれら以外の教科、道徳、総合的な学習の時間、特別活動並びに自立活動によつて教育課程を編成するものとする。

第129条　特別支援学校の幼稚部の教育課程その他の保育内容並びに小学部、中学部及び高等部の教育課程については、この章に定めるもののほか、教育課程その他の保育内容又は教育課程の基準として文部科学大臣が別に公示する特別支援学校幼稚部教育要領、特別支援学校小学部・中学部学習指導要領及び特別支援学校高等部学習指導要領によるものとする。

第130条　特別支援学校の小学部、中学部又は高等部においては、特に必要がある場合は、第126条から第128条までに規定する各教科（次項において「各教科」という。）又は別表第3及び別表第5に定める各教科に属する科目の全部又は一部について、合わせて授業を行うことができる。

②　特別支援学校の小学部、中学部又は高等部においては、知的障害者である児童若しくは生徒又は複数の種類の障害を併せ有する児童若しくは生徒を教育する場合において特に必要があるときは、各教科、道徳、外国語活動、特別活動及び自立活動の全部又は一部について、合わせて授業を行うことができる。

第131条　特別支援学校の小学部、中学部又は高等部において、複数の種類の障害を併せ有する児童若しくは生徒を教育する場合又は教員を派遣して教育を行う場合において、特に必要があるときは、第126条から第129条までの規定にかかわらず、特別の教育課程によることができる。

第137条　特別支援学級は、特別の事情のある場合を除いては、学校教育法第81条第2項各号に掲げる区分に従つて置くものとする。

第138条　小学校、中学校若しくは義務教育学校又は中等教育学校の前期課程における特別支援学

級に係る教育課程については、特に必要がある場合は、第50条第1項（第79条の6第1項において準用する場合を含む。）、第51条、第52条（第79条の6第1項において準用する場合を含む。）、第52条の3、第72条（第79条の6第2項及び第108条第1項において準用する場合を含む。）、第73条、第74条（第79条の6第2項及び第108条第1項において準用する場合を含む。）、第74条の3、第76条、第79条の5（第79条の12において準用する場合を含む。）及び第107条（第117条において準用する場合を含む。）の規定にかかわらず、特別の教育課程によることができる。

第140条　小学校、中学校、義務教育学校、高等学校又は中等教育学校において、次の各号のいずれかに該当する児童又は生徒（特別支援学級の児童及び生徒を除く。）のうち当該障害に応じた特別の指導を行う必要があるものを教育する場合には、文部科学大臣が別に定めるところにより、第50条第1項（第79条の6第1項において準用する場合を含む。）、第51条、第52条（第79条の6第1項において準用する場合を含む。）、第52条の3、第72条（第79条の6第2項及び第108条第1項において準用する場合を含む。）、第73条、第74条（第79条の6第2項及び第108条第1項において準用する場合を含む。）、第74条の3、第76条、第79条の5（第79条の12において準用する場合を含む。）、第83条及び第84条（第108条第2項において準用する場合を含む。）並びに第107条（第117条において準用する場合を含む。）の規定にかかわらず、特別の教育課程によることができる。

　　1　言語障害者
　　2　自閉症者
　　3　情緒障害者
　　4　弱視者
　　5　難聴者
　　6　学習障害者
　　7　注意欠陥多動性障害者
　　8　その他障害のある者で、この条の規定により特別の教育課程による教育を行うことが適当なもの

第141条　前条の規定により特別の教育課程による場合においては、校長は、児童又は生徒が、当該小学校、中学校、義務教育学校又は中等教育学校の設置者の定めるところにより他の小学校、中学校、義務教育学校、中等教育学校の前期課程又は特別支援学校の小学部若しくは中学部において受けた授業を、当該小学校、中学校若しくは義務教育学校又は中等教育学校の前期課程において受けた当該特別の教育課程に係る授業とみなすことができる。

公立義務教育諸学校の学級編制及び教職員定数の標準に関する法律

第3条　公立の義務教育諸学校の学級は、同学年の児童又は生徒で編制するものとする。ただし、当該義務教育諸学校の児童又は生徒の数が著しく少ないかその他特別の事情がある場合においては、政令で定めるところにより、数学年の児童又は生徒を1学級に編制することができる。

　②　各都道府県ごとの、都道府県又は市（地方自治法（昭和22年法律第67号）第252条の19第1項の指定都市（以下単に「指定都市」という。）を除き、特別区を含む。第8条第3号並びに第8条の2第1号及び第2号を除き、以下同じ。）町村の設置する小学校（義務教育学校の前期課程を含む。次条第2項において同じ。）又は中学校（義務教育学校の

後期課程及び中等教育学校の前期課程を含む。同項において同じ。）の１学級の児童又は生徒の数の基準は、次の表の上欄に掲げる学校の種類及び同表の中欄に掲げる学級編制の区分に応じ、同表の下欄に掲げる数を標準として、都道府県の教育委員会が定める。ただし、都道府県の教育委員会は、当該都道府県における児童又は生徒の実態を考慮して特に必要があると認める場合については、この項本文の規定により定める数を下回る数を、当該場合に係る１学級の児童又は生徒の数の基準として定めることができる。

学校の種類	学級編制の区分	一学級の児童又は生徒の数
小学校（義務教育学校の前期課程を含む。）	同学年の児童で編制する学級	40人（第一学年の児童で編制する学級にあつては、35人）
	2の学年の児童で編制する学級	16人（第一学年の児童を含む学級にあつては、8人）
	学校教育法第81条第2項及び第3項に規定する特別支援学級（以下この表及び第7条第1項第5号において単に「特別支援学級」という。）	8人
中学校（義務教育学校の後期課程及び中等教育学校の前期課程を含む。）	同学年の生徒で編制する学級	40人
	2の学年の生徒で編制する学級	8人
	特別支援学級	8人

③　各都道府県ごとの、都道府県又は市町村の設置する特別支援学校の小学部又は中学部の１学級の児童又は生徒の数の基準は、６人（文部科学大臣が定める障害を２以上併せ有する児童又は生徒で学級を編制する場合にあつては、３人）を標準として、都道府県の教育委員会が定める。ただし、都道府県の教育委員会は、当該都道府県における児童又は生徒の実態を考慮して特に必要があると認める場合については、この項本文の規定により定める数を下回る数を、当該場合に係る１学級の児童又は生徒の数の基準として定めることができる。

公立高等学校の適正配置及び教職員定数の標準等に関する法律

第14条　公立の特別支援学校の高等部の１学級の生徒の数は、重複障害生徒（文部科学大臣が定める障害を２以上併せ有する生徒をいう。以下この条において同じ。）で学級を編制する場合にあつては３人、重複障害生徒以外の生徒で学級を編制する場合にあつては８人を標準とする。ただし、やむを得ない事情がある場合及び高等部を置く特別支援学校を設置する都道府県又は市町村の教育委員会が当該都道府県又は市町村における生徒の実態を考慮して特に必要があると認める場合については、この限りでない。

障害者基本法

第16条　国及び地方公共団体は、障害者が、その年齢及び能力に応じ、かつ、その特性を踏まえた十分な教育が受けられるようにするため、可能な限り障害者である児童及び生徒が障害者でない児童及び生徒と共に教育を受けられるよう配慮しつつ、教育の内容及び方法の改善及び充実を図る等必要な施策を講じなければならない。

②　国及び地方公共団体は、前項の目的を達成するため、障害者である児童及び生徒並びにその保護者に対し十分な情報の提供を行うとともに、可能な限りその意向を尊重しなければならない。

③　国及び地方公共団体は、障害者である児童及び生徒と障害者でない児童及び生徒との交

流及び共同学習を積極的に進めることによつて、その相互理解を促進しなければならない。
④ 国及び地方公共団体は、障害者の教育に関し、調査及び研究並びに人材の確保及び資質の向上、適切な教材等の提供、学校施設の整備その他の環境の整備を促進しなければならない。

発達障害者支援法

第1条 この法律は、発達障害者の心理機能の適正な発達及び円滑な社会生活の促進のために発達障害の症状の発現後できるだけ早期に発達支援を行うとともに、切れ目なく発達障害者の支援を行うことが特に重要であることに鑑み、障害者基本法（昭和45年法律第84号）の基本的な理念にのっとり、発達障害者が基本的人権を享有する個人としての尊厳にふさわしい日常生活又は社会生活を営むことができるよう、発達障害を早期に発見し、発達支援を行うことに関する国及び地方公共団体の責務を明らかにするとともに、学校教育における発達障害者への支援、発達障害者の就労の支援、発達障害者支援センターの指定等について定めることにより、発達障害者の自立及び社会参加のためのその生活全般にわたる支援を図り、もって全ての国民が、障害の有無によって分け隔てられることなく、相互に人格と個性を尊重し合いながら共生する社会の実現に資することを目的とする。

第2条 この法律において「発達障害」とは、自閉症、アスペルガー症候群その他の広汎性発達障害、学習障害、注意欠陥多動性障害その他これに類する脳機能の障害であってその症状が通常低年齢において発現するものとして政令で定めるものをいう。
② この法律において「発達障害者」とは、発達障害がある者であって発達障害及び社会的障壁により日常生活又は社会生活に制限を受けるものをいい、「発達障害児」とは、発達障害者のうち18歳未満のものをいう。

第8条 国及び地方公共団体は、発達障害児（18歳以上の発達障害者であって高等学校、中等教育学校及び特別支援学校並びに専修学校の高等課程に在学する者を含む。以下この項において同じ。）が、その年齢及び能力に応じ、かつ、その特性を踏まえた十分な教育を受けられるようにするため、可能な限り発達障害児が発達障害児でない児童と共に教育を受けられるよう配慮しつつ、適切な教育的支援を行うこと、個別の教育支援計画の作成（教育に関する業務を行う関係機関と医療、保健、福祉、労働等に関する業務を行う関係機関及び民間団体との連携の下に行う個別の長期的な支援に関する計画の作成をいう。）及び個別の指導に関する計画の作成の推進、いじめの防止等のための対策の推進その他の支援体制の整備を行うことその他必要な措置を講じるものとする。
② 大学及び高等専門学校は、個々の発達障害者の障害の特性に応じ、適切な教育上の配慮をするものとする。

障害者の権利に関する条約（日本政府公定訳）

第24条 教育
1 締約国は、教育についての障害者の権利を認める。締約国は、この権利を差別なしに、かつ、機会の均等を基礎として実現するため、障害者を包容するあらゆる段階の教育制度及び生涯学習を確保する。当該教育制度及び生涯学習は、次のことを目的とする。
(a) 人間の潜在能力並びに尊厳及び自己の価値についての意識を十分に発達させ、並びに人権、

基本的自由及び人間の多様性の尊重を強化すること。
(b) 障害者が、その人格、才能及び創造力並びに精神的及び身体的な能力をその可能な最大限度まで発達させること。
(c) 障害者が自由な社会に効果的に参加することを可能とすること。
2 締約国は、1の権利の実現に当たり、次のことを確保する。
(a) 障害者が障害に基づいて一般的な教育制度から排除されないこと及び障害のある児童が障害に基づいて無償のかつ義務的な初等教育から又は中等教育から排除されないこと。
(b) 障害者が、他の者との平等を基礎として、自己の生活する地域社会において、障害者を包容し、質が高く、かつ、無償の初等教育を享受することができること及び中等教育を享受することができること。
(c) 個人に必要とされる合理的配慮が提供されること。
(d) 障害者が、その効果的な教育を容易にするために必要な支援を一般的な教育制度の下で受けること。
(e) 学問的及び社会的な発達を最大にする環境において、完全な包容という目標に合致する効果的で個別化された支援措置がとられること。
3 締約国は、障害者が教育に完全かつ平等に参加し、及び地域社会の構成員として完全かつ平等に参加することを容易にするため、障害者が生活する上での技能及び社会的な発達のための技能を習得することを可能とする。このため、締約国は、次のことを含む適当な措置をとる。
(a) 点字、代替的な文字、意思疎通の補助的及び代替的な形態、手段及び様式並びに定位及び移動のための技能の習得並びに障害者相互による支援及び助言を容易にすること。
(b) 手話の習得及び聾社会の言語的な同一性の促進を容易にすること。
(c) 盲人、聾者又は盲聾者（特に盲人、聾者又は盲聾者である児童）の教育が、その個人にとって最も適当な言語並びに意思疎通の形態及び手段で、かつ、学問的及び社会的な発達を最大にする環境において行われることを確保すること。
4 締約国は、1の権利の実現の確保を助長することを目的として、手話又は点字について能力を有する教員（障害のある教員を含む。）を雇用し、並びに教育に従事する専門家及び職員（教育のいずれの段階において従事するかを問わない。）に対する研修を行うための適当な措置をとる。この研修には、障害についての意識の向上を組み入れ、また、適当な意思疎通の補助的及び代替的な形態、手段及び様式の使用並びに障害者を支援するための教育技法及び教材の使用を組み入れるものとする。
5 締約国は、障害者が、差別なしに、かつ、他の者との平等を基礎として、一般的な高等教育、職業訓練、成人教育及び生涯学習を享受することができることを確保する。このため、締約国は、合理的配慮が障害者に提供されることを確保する。

索引

あ

RTI（Response to Intervention/Instruction）モデル ……… 96
ICT ……… 96、158、176
アスペルガー障害 ……… 106
インクルーシブ教育システム ……… 18
院内学級 ……… 14、208
運動障害性構音障害 ……… 137
ADHD ……… 79
エコラリア ……… 108
オージオグラム ……… 170
音韻処理 ……… 94

か

外国につながる子ども ……… 221
下学年の目標や内容 ……… 40
鏡文字 ……… 90
各教科等を合わせた指導 ……… 52
学習空白 ……… 202
学習指導要領 ……… 40
学習障害 ……… 92
学習性無力感 ……… 95
拡大教科書 ……… 158
拡大読書器 ……… 158
学齢簿 ……… 16
学校生活管理指導表 ……… 201
感音難聴 ……… 171
器質性構音障害 ……… 137
基礎的環境整備 ……… 20
吃音 ……… 121、143
機能性構音障害 ……… 137
虐待 ……… 81
9歳の峠（壁） ……… 174
協調運動 ……… 83
クーイング ……… 67
クレーン現象 ……… 108
言語障害 ……… 134
言語障害通級指導教室 ……… 139
言語聴覚士 ……… 140
現場実習
　→産業現場等における実習
構音 ……… 136
構音障害 ……… 135
高機能自閉症 ……… 106
構造化 ……… 114
高等部 ……… 13
校内委員会 ……… 26
広汎性発達障害 ……… 106
合理的配慮 ……… 20
交流及び共同学習 ……… 41、55

国際教室･････････････････ 224
ことばの教室･･･････････ 139
子どもの権利条約
　→児童の権利に関する条約
子どもの貧困･･･････････ 229
子供の貧困対策に関する大綱　232
子どもの貧困対策の推進に
　関する法律･･･････････ 230
個別移行支援計画･･･････ 58
個別の教育支援計画･･･28、47
個別の指導計画･･･････28、47
孤立型･････････････････ 107

さ

作業学習･･････････････････ 41
産業現場等における実習･･････ 57
視空間処理･････････････････ 94
刺激の過剰選択性･･････････ 111
自校通級･････････････････ 42
自己管理能力･････････････ 204
自己効力感･･･････････････ 203
自己理解････････････････ 57
自尊心･･･････････････････ 203
肢体不自由･･･････････････ 183
実態把握･････････････････ 100
児童相談所･･･････････････ 233
児童の権利に関する条約　221、231
自閉症･･･････････････････ 105
自閉症スペクトラム障害････ 106

自閉スペクトラム症････････ 106
弱視･････････････････････ 154
弱視レンズ･･･････････････ 158
就学基準･････････････････ 16
就学義務････････････････ 221
就学支援委員会･･･････････ 16
就学時健康診断･･･････････ 16
受動型･･･････････････････ 107
手話･････････････････････ 173
巡回指導････････････････ 43
巡回相談････････････････ 27
障害者の権利に関する条約･････ 18
障害認識････････････････ 174
小学部･･･････････････････ 13
情緒障害････････････････ 121
自立活動････････････････ 55
進行性筋ジストロフィー････ 185
人工内耳････････････････ 171
スクールソーシャルワーカー････ 233
スモールステップ･････････ 216
生活単元学習･････････････ 54
脊髄損傷････････････････ 185
積極奇異型･･･････････････ 107
摂食障害････････････････ 121
絶対的貧困･･･････････････ 229
センター的機能（役割）････ 58
専門家チーム･････････････ 27
相対的貧困･･･････････････ 229
ソーシャル・サポート･･････ 203

索引

即時エコラリア ……………… 108

た

他校通級 ……………… 43
ダブル・リミテッド ……… 224
チームティーチング ……… 96
遅延エコラリア ……………… 108
チック ……………… 121
知的障害 ……………… 211
知的障害特別支援学級 ……… 217
知能 ……………… 187
知能検査 ……………… 212
注意欠如・多動症 ……… 81
注意欠陥多動性障害 ……… 79
中学部 ……………… 13
通級指導教室 ……………… 41
通級による指導 ……… 14、41
DSM ……………… 212
伝音難聴 ……………… 171
点字 ……………… 49、160、165
トークン・エコノミー ……… 86
特殊教育 ……………… 10、13
特定不能の広汎性発達障害 …106
特別支援学級 ……… 14、36
特別支援学校 ……… 10、12、46
特別支援教育 ……………… 10
特別支援教育コーディネーター
 ……………… 26、31
特別支援教育支援員 ……… 28

特別の教育課程 ……………… 225
取り出し指導 ……………… 225

な

喃語 ……………… 67
難聴 ……………… 169
二次障害 ……………… 63
日常生活の指導 ……………… 53
二分脊椎 ……………… 185
日本語教室 ……………… 224
日本語指導が必要な子ども
 ……………… 221、222
日本語指導担当教員 ……… 225
日本語対応手話 ……………… 173
日本手話 ……………… 173
乳幼児健康診査 ……………… 68
認定特別支援学校就学者 …17、47
脳性まひ ……………… 184

は

ハウリング ……………… 175
入り込み指導 ……………… 225
白杖歩行 ……… 161、164
発音 ……………… 136
発声 ……………… 135
発達障害 ……… 24、34
発達障害者支援センター …101、117
発達障害者支援法 ……… 81
発達性読み書き障害 ……… 92

索引

場面緘黙 ……………………… 122
微細脳機能障害 ……………… 79
非定型自閉症 ………………… 106
病弱・身体虚弱 ……………… 198
保育所保育指針 ……………… 70
訪問教育 ……………………… 13、47
母子保健法 …………………… 68
補聴器 ………………………… 171

ま

盲 ………………………………… 154
盲学校 ………………………… 10、13

や

薬物療法 ……………………… 88
夜尿 …………………………… 121
指差し行動 …………………… 67
指文字 ………………………… 173
養護学校 ……………………… 10、13
幼児ことばの教室 …………… 72
幼稚園教育要領 ……………… 70
幼稚部 ………………………… 13
要保護児童対策地域協議会 … 233

ら

療育手帳 ……………………… 61
聾学校 ………………………… 10、13

247

ブックデザイン
真野恵子
イラスト
小島サエキチ

インクルーシブ教育時代の
教員をめざすための
特別支援教育入門

2015年1月25日　初版第1刷発行
2018年4月18日　初版第3刷発行
2019年2月27日　第2版第1刷発行
2024年4月1日　第2版第7刷発行

編著者　大塚 玲
発行者　服部直人
発行所　株式会社萌文書林
　　　　〒113-0021　東京都文京区本駒込6-15-11
　　　　Tel.03-3943-0576　Fax.03-3943-0567
　　　　https://www.houbun.com/
　　　　info@houbun.com
印刷　　萩原印刷株式会社

乱丁・落丁本はお取り替えいたします。
定価はカバーに表示してあります。

©Akira Otsuka 2019, Printed in Japan
ISBN978-4-89347-327-1